MÉCANISME

DE

LA PENSÉE

PAR

P. BOISSIÈRE

PARIS

CHEZ L'AUTEUR, 28, RUE DES PLANTES

1883

MÉCANISME DE LA PENSÉE

MÉCANISME

DE

LA PENSEE

PAR

P. BOISSIÈRE

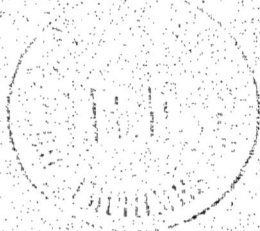

PARIS

CHEZ L'AUTEUR, 28, RUE DES PLANTES

—

1883

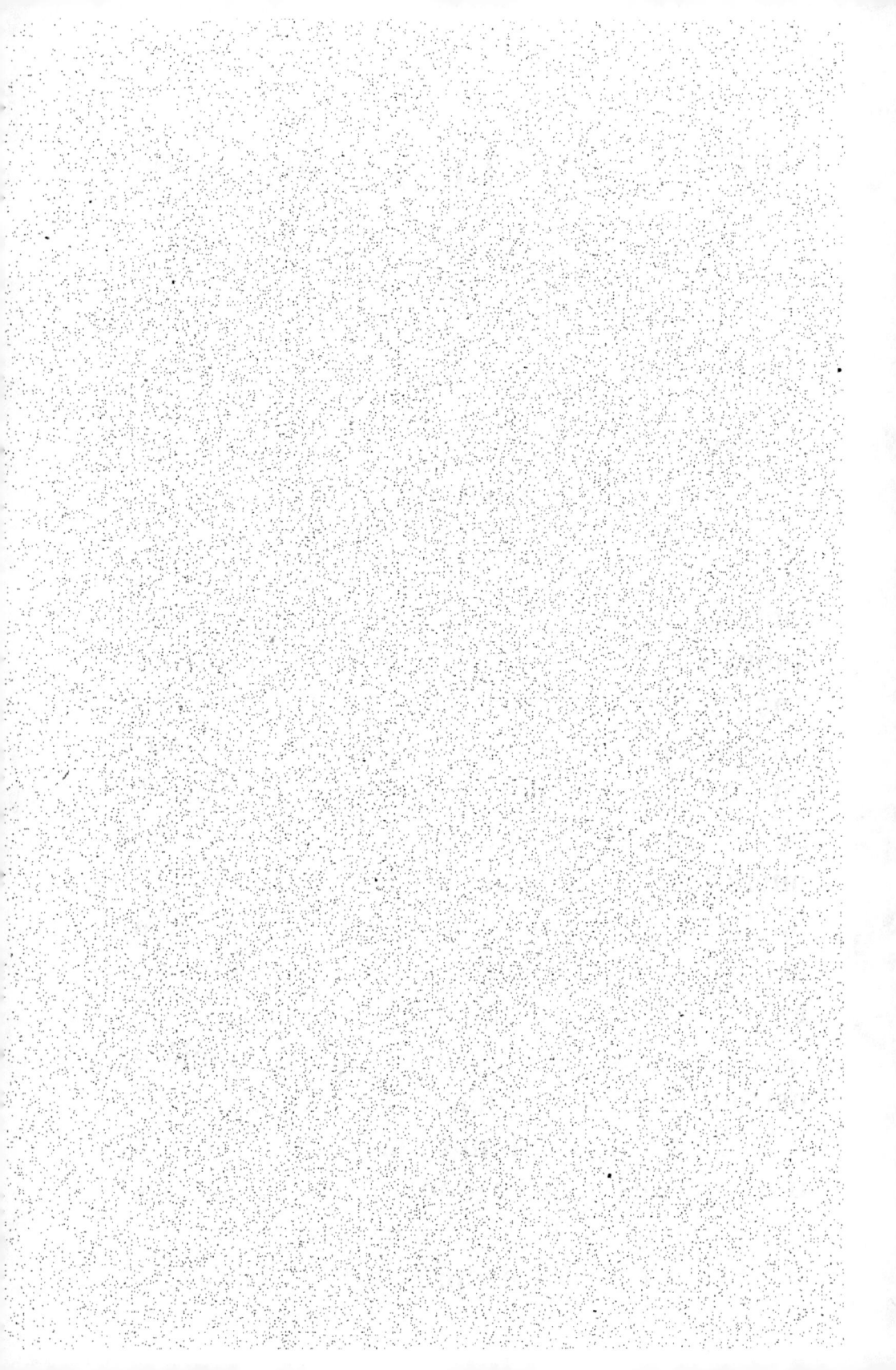

MÉCANISME DE LA PENSÉE

I

SENSATIONS ET IDÉES PRODUITES PAR LA VUE ET PAR LE TOUCHER

La pensée, quel que soit le sens vrai du mot, ne peut exister sans avoir un objet, c'est-à-dire sans se rapporter à quelque chose; car une pensée qui ne se rapporterait à rien ne serait rien elle-même. Au commencement, l'objet de la pensée n'a pu être fourni que par la nature extérieure. Reportons-nous aux premiers âges du monde, au temps où l'espèce humaine put commencer à vivre sur la terre, et supposons que l'objet fourni pour la pensée est un arbre, qu'un homme voit en face de lui dans la campagne : des rayons de lumière, partant de l'arbre, viennent tracer sur la rétine de chaque œil une image, que le nerf optique, mis en vibration, transporte sur un point de la surface du cerveau; et là il se forme une empreinte représentative de l'arbre.

Ceci n'est pas une simple hypothèse, c'est un fait positif, au moins pour ce qui regarde la rétine, et quelques personnes ont pu voir très distinctement des images de ce genre marquées sur la rétine de certains animaux dont l'œil est conformé comme celui de l'homme. En est-il de même de l'empreinte qui se grave ensuite sur le cerveau? Nous pouvons le supposer avec assez de vraisemblance ; mais jusqu'ici il n'a été donné à personne de voir une empreinte cérébrale. Il est même certain que ce qui paraît le plus important dans ces empreintes n'est pas la ressemblance du dessin ou de la forme, mais plutôt la similitude et presque l'identité des propriétés actives. Il faut que l'empreinte de l'arbre porte en elle ce qui est nécessaire pour qu'elle agisse comme agirait l'arbre lui-même ; il faut que tout se passe comme si la lumière, en venant sur l'arbre, s'était imprégnée de son essence et l'avait ensuite portée jusqu'au nerf optique, qui l'avait lui-même portée jusqu'au cerveau, en un point qui dès lors est devenu l'arbre même intériorisé, ou tout au moins la représentation vivante et active de cet arbre.

Dès que l'empreinte cérébrale est formée, elle renvoie sur le nerf des vibrations réflexes.

qui constituent ce qu'on appelle la sensation de l'arbre; et cette sensation est déjà une pensée d'ordre inférieur.

On pourrait objecter que, si la sensation se confond avec les vibrations réflexes qui partent de l'empreinte cérébrale et reviennent sur les nerfs, ce n'est pas l'arbre qui est senti, c'est plutôt l'empreinte; mais il ne faut pas oublier que cette empreinte est devenue la représentation vivante de l'arbre ou l'arbre même intériorisé. L'identité complète entre l'empreinte et l'arbre, quelque extraordinaire que cela paraisse, est pleinement admise par tous ceux qui voient l'arbre; cela peut être prouvé par l'expérience suivante : Je prends un homme avec moi, le premier venu; je le conduis vers l'arbre, et je m'assure qu'il le voit comme je le vois moi-même. Je ne peux pas douter que ce ne soit le même arbre, et il n'en doute pas plus que moi; car, si je prie cet homme de diriger son doigt vers l'arbre, et si j'en fais autant de mon côté, je remarque que les directions de nos doigts convergent vers le même point. Si, quand je crois voir un arbre, je ne voyais que l'empreinte marquée sur mon cerveau, l'homme que j'ai amené ne verrait lui-même qu'une empreinte gravée sur son propre cerveau, et il nous serait impossible, à lui comme à moi, de trouver un arbre unique vers lequel nous pussions en même temps diriger nos doigts; mais nous trouvons aisément cet arbre, parce que lui et moi sommes pleinement convaincus que l'arbre est identique à chacune de nos empreintes : une simple ressemblance ne suffirait pas pour expliquer les mouvements convergents de nos bras et de nos doigts.

Nous venons de voir que la sensation de l'arbre, pensée d'ordre inférieur, est constituée par les vibrations réflexes d'un nerf; mais cela ne veut pas dire que l'arbre soit senti par le nerf. C'est l'homme, c'est la personnalité tout entière de l'homme qui sent cet arbre, qui le pense; mais l'homme sent ou pense par un de ses nerfs, où des vibrations réflexes ont été produites par l'action réfléchie d'une empreinte cérébrale qu'avait implantée sur le cerveau un rayon de lumière. En d'autres termes, qu'est-ce que sentir un arbre? Ce n'est pas vibrer par l'impulsion réfléchie d'une empreinte, c'est avoir en soi le nerf qui vibre et l'empreinte qui le fait vibrer.

La force ou l'intensité des sensations est très variable, et quand cette intensité est trop faible, elles disparaissent sans laisser rien après elles. Mais si la sensation de l'arbre a eu le degré d'intensité nécessaire, voici ce qui a dû arriver : au moment où la sensation de l'arbre a pris fin, c'est-à-dire quand les vibrations réflexes ont cessé, la parcelle du cerveau qui portait l'empreinte s'est détachée et a commencé d'exister isolée, avec la puissance de pénétrer jusque dans les parties les plus profondes de la machine et de s'y mouvoir en tous sens, en agissant partout comme agirait l'arbre lui-même, qu'elle représentait déjà quand elle était fixée sur le cerveau à l'état d'empreinte, et qu'elle représente encore mieux maintenant qu'elle est libre. Elle peut produire une perception sentie de l'arbre, en excitant dans les fibres nervales des vibrations qui vont dans le même sens que les réflexes, et cette perception est une pensée qui ne diffère de la sensation qu'en ce que le mouvement primordial vient du dedans, et non du dehors. On désigne sous le nom d'idées ces parcelles mobiles qui deviennent les pièces les plus importantes de la machine ; et, pour faire sentir toute la force représentative de ces idées, on dit, comme on l'a fait pour les empreintes, qu'elles sont les choses mêmes

1.

intériorisées, c'est-à-dire entrées, par une sorte de pénétration intime, jusque dans les parties les plus profondes de la machine à penser. Mais, quoiqu'elles aient pénétré dans ces parties profondes, un lien mystérieux les rattache toujours et les unifie avec les choses restées au dehors.

Quand une idée se détache pour la première fois du cerveau, elle est quelquefois fort incomplète, parce qu'elle ne représente, parmi les particularités et les propriétés de la chose du dehors, que celles qui ont pu se trouver manifestées dans une première impression. Mais il arrive souvent ensuite que des impressions nouvelles, partant de la même chose ou des choses de même nature, viennent affecter les deux rétines, les nerfs optiques et le cerveau. Alors l'empreinte qui se grave en ce moment même, attire à elle l'idée déjà formée à laquelle elle ressemble, et cette idée se complète ou se rectifie par son contact avec la nouvelle empreinte. Quand l'idée se détache ensuite de nouveau, elle est devenue une représentation moins imparfaite de la chose du dehors. Souvent l'idée que nous avons d'une chose ne devient exacte et complète qu'après un assez grand nombre de sensations. Ainsi l'enfant qui n'a vu qu'une seule rose ne possède qu'une idée très imparfaite, et fausse peut-être en plusieurs points, de cette fleur ; quand il aura vu dix roses, il la connaîtra beaucoup mieux. Le naturaliste et l'horticulteur, qui en ont vu des milliers, en possèdent une représentation bien plus exacte encore. Il ne faut pourtant pas croire que l'exactitude de l'idée *rose* consiste ici à reproduire fidèlement tous les détails de la rose, ce qui serait impossible, parce que ces détails varient d'une rose à l'autre. La seule exactitude qui ait de l'importance est celle des traces marquant les principales propriétés physiques de la rose.

Chez les enfants qui naissent au milieu d'une société civilisée comme la nôtre, la formation des idées produites par la vue se fait presque toujours d'une manière un peu différente. Lorsqu'un objet du dehors vient pour la première fois frapper la vue de l'enfant, la mère ou la nourrice est là, qui s'empresse de lui dire le nom de l'objet ; souvent même c'est la mère ou la nourrice qui montre l'objet à l'enfant et qui, en même temps, lui en dit le nom. Un peu plus tard, lorsque l'enfant commence à parler et comprend à peu près ce que lui dit sa mère, si une première impression est trop incomplète ou trop peu précise, la mère y supplée par ses explications, ou en forçant l'enfant à mieux regarder ; et des idées à peu près exactes peuvent se former chez l'enfant, sans qu'il soit obligé de passer par une longue suite de sensations se complétant ou se rectifiant les unes les autres.

Dans les sensations que produit le toucher ou le tact, les vibrations primordiales du nerf partent de la chose même fournie par la nature extérieure, et sur laquelle vient se poser la main, ou avec laquelle entre en contact une partie quelconque de la surface de notre corps. Ces vibrations primordiales ne constituent encore qu'une sensation très obscure de l'objet extérieur ; mais elles sont imprégnées de l'essence de cet objet, et quand elles parviennent au cerveau, elles y gravent une empreinte qui se trouve contenir cette essence et qui, par conséquent, est l'objet même intériorisé ; puis l'empreinte renvoie sur le nerf des vibrations réflexes, et c'est par celles-ci que le nerf reçoit une sensation nette de l'objet. L'idée de cet objet se forme ensuite par le détachement de l'empreinte et par la pénétration dans les parties profondes de la machine à penser.

Les aveugles-nés parviennent à posséder presque toutes les idées que possèdent les voyants, et pour eux le toucher acquiert, par le fréquent usage qu'ils en font, une finesse de perception extraordinaire. Cependant il est probable que, s'ils étaient réduits à l'usage seul de ce sens, le nombre de leurs idées resterait assez restreint. Ce qui leur permet d'acquérir des connaissances très étendues, c'est qu'ils vivent parmi les voyants, et que ceux-ci, par le langage, leur transmettent les connaissances qu'ils doivent à la vue; alors le toucher n'est plus nécessaire aux aveugles que pour rendre cette transmission plus facile. S'il pouvait exister un peuple d'aveugles privés de tout rapport avec les voyants, il ne brillerait certainement ni par l'abondance ni par la justesse de ses idées, et son langage, s'il parvenait à en créer un, serait bien pauvre, bien imparfait. Mais ce n'est qu'une supposition tout à fait dénuée de vraisemblance; un tel peuple périrait avant même qu'il eût eu le temps d'acquérir toutes les connaissances que le toucher réduit à lui-même paraît capable de produire. Quant aux aveugles-nés qui vivent au milieu des voyants, et à qui ceux-ci parviennent à transmettre une riche collection d'idées, on peut se demander si toutes ces idées qu'on leur transmet sont chez eux parfaitement semblables à ce qu'elles sont chez nous : ils ont appris à leur donner les mêmes noms que nous donnons à nos idées, et cela suffit pour que nous puissions converser avec eux ; mais quand nous les croyons d'accord avec nous, leurs pensées intimes sont-elles entièrement conformes aux nôtres ? Nous ne pouvons pas en être sûrs. Quand ils parlent du soleil, de la terre, de la mer, du feu, d'un chien, d'un cheval, comment toutes ces choses se présentent-elles à eux ? Il semble qu'ils doivent se les représenter autrement que nous, sous plusieurs rapports.

II

SENSATIONS ET IDÉES PRODUITES PAR L'OUÏE, L'ODORAT ET LE GOÛT

L'ouïe, l'odorat et le goût ne nous font pas connaître directement les substances des choses ; ils ne nous en manifestent que certaines particularités ou certains effets.

Les sons d'une cloche ne nous font pas connaître directement la cloche ; l'odeur de la violette ne nous apporte directement aucune notion sur la violette même, elle nous laisse ignorer si c'est une fleur, ou un minéral, ou une composition de parfumerie. Il en est de même du goût : quand nous mangeons une prune et que nous la trouvons délicieuse, si nous ne l'avions pas regardée avant de la mettre dans notre bouche, ou si la mémoire ne nous rappelait pas d'autres sensations que nous aurions éprouvées dans le passé comme jointes à celle du même goût, cela ne suffirait pas pour nous faire connaître si ce que nous mangeons est un fruit, quelle en est la forme, la couleur, etc.

Mais il arrive quelquefois que les impressions produites par l'ouïe, l'odorat et le goût sont employées pour servir de signes, destinés à rappeler les idées de certaines choses existant substantiellement au dehors ; et alors chacun de ces sens peut donner lieu à un langage conventionnel, offrant le moyen de tout représenter, mais par une représentation indirecte qui exige le concours de la mémoire. Quand on veut apprendre à un enfant ou à une religieuse des prières en latin, le *Pater noster* par exemple, ces deux mots leur sont ensei-

gnés comme représentant simplement quatre
syllabes, quatre sons, qu'ils doivent prononcer comme les prononce la personne chargée
de les instruire ; ainsi le rôle de l'ouïe dans
ce cas reste borné à faire naître les idées des
sons, afin que ces sons puissent être reproduits.
Mais dans d'autres circonstances, quand il
s'agit du langage ordinaire que l'enfant doit
apprendre à parler et à comprendre, si les
organes vocaux de la mère prononcent les
deux syllabes *mai son*, c'est bien encore
pour que l'enfant les prononce comme elle,
mais c'est en outre pour qu'il sache qu'elles
doivent réveiller en lui et chez tous ceux qui
les entendent une certaine idée formée antérieurement, à la suite de sensations visuelles.
Et pourquoi les sons *mai son* devront-ils réveiller cette idée? Parce que les hommes se
sont concertés pour instituer un langage où
les sons de la voix représentent indirecte-
ment ce qui peut momentanément se trouver
hors d'atteinte pour la vue. La vue elle-même
donne quelquefois naissance à un langage
conventionnel; les mouvements de la main ou
des doigts, aperçus par l'œil, peuvent représenter autre chose que ces mouvements, ils
servent de langage aux muets pour représenter

toutes les choses dont il est impossible de leur faire entendre les noms par l'ouïe. On pourrait aussi employer les odeurs, les goûts, les couleurs, comme signes servant à rappeler des idées ou des objets quelconques. On a créé un langage des fleurs, où chaque odeur et chaque couleur avait sa valeur, sa signification particulière. Mais de tous ces langages conventionnels, le plus important est et sera toujours celui qu'on appelle langage articulé ou parole.

III

CHANGEMENTS D'ASPECT DANS LES IDÉES ; PASSAGE DU PARTICULIER AU GÉNÉRAL

Si l'on étudiait attentivement ce qui se passe chez les enfants quand on leur apprend à parler, on verrait que toutes leurs idées commencent par être des idées particulières, représentant chacune un objet unique, avec la plupart des détails qui le distinguent, avec ceux du moins qui sont très faciles à saisir ; mais on verrait aussi que peu à peu ces idées se modifient, changent d'aspect et peuvent paraître tantôt plus ou moins particulières, tantôt plus ou moins générales.

Prenons pour exemple l'idée *cheval*. Le jour où l'on a voulu apprendre à un enfant que le nom de cette idée et de l'animal qu'elle représente était composé des deux syllabes *che val*, on a mis sous ses yeux un certain cheval, qui avait sa couleur propre, qui était gras ou maigre, grand ou petit, jeune ou vieux, qui avait une crinière plus ou moins fournie, des jambes plus ou moins grosses, la queue entière ou coupée, etc. A ce moment-là, le nom *cheval* lui a été présenté comme signifiant toutes ces particularités, et l'idée elle-même qui se formait chez l'enfant contenait ces particularités d'une manière plus ou moins distincte. Le nom et l'idée ont dû conserver plus ou moins longtemps, pour l'enfant, cette signification particulière ; si, un ou deux jours après, quelqu'un a dit à l'enfant qu'on allait le mettre sur le dos d'un cheval, l'enfant a compris qu'on allait le mettre sur le même cheval qu'on lui avait montré d'abord. Mais bientôt la signification de ce mot a dû changer, et l'idée elle-même a dû se prêter à ce changement, parce que l'enfant a vu qu'on employait le même mot pour désigner d'autres chevaux. Pour que l'idée changeât, il a fallu qu'elle pût se montrer sous des aspects nouveaux ; car elle ne pouvait pas devenir une idée tout à fait nouvelle. Quand un certain nombre de ces changements d'aspect ont eu lieu, il vient un moment où l'idée se montre sous un aspect très peu déterminé ; elle ne représente plus tel ou tel cheval, elle représente le cheval en général.

Pour qu'une idée, qui d'abord avait été particulière, se modifie au point qu'un de ses aspects ne représente plus que ce qu'il y a dans la chose de plus général, il n'est pas même nécessaire que le mot qui la désigne soit successivement appliqué par d'autres personnes à beaucoup d'objets divers, et que cela vienne frapper nos oreilles. Supposons qu'il s'agisse d'une chose qui est unique dans le monde, qu'un homme aurait vue à une époque reculée, dont il aurait alors remarqué toutes les particularités, et qu'il aurait ensuite cessé de voir, ou, pour préciser davantage, supposons qu'un homme ait vu la chute du Niagara, dans un voyage qu'il a fait en Amérique quand il était jeune, et que depuis lors il n'en ait plus entendu parler : l'idée de cette chute est restée en lui quelque temps telle qu'elle était dès le commencement ; puis, peu à peu, les détails se sont effacés ou plutôt retirés dans une partie écartée et obscure, en sorte qu'aujourd'hui l'idée se montre comme représentant simplement une chute d'eau quelconque, une chute en général. Pourquoi tels détails se sont-ils effacés ou mis à l'écart plutôt que tels autres? On ne peut répondre à cette question qu'en disant, d'une manière générale, que cela doit résulter d'une multitude de petites circonstances qui n'ont pas attiré l'attention et dont il n'est resté aucun souvenir.

IV

IDÉES DONT LA FORMATION OFFRE QUELQUE PARTICULARITÉ REMARQUABLE

Quand la connaissance des choses nous vient par la vue, qui est le sens instructif par excellence, elles se présentent ordinairement tout entières, et les idées qui se forment à la suite des sensations sont des idées de choses entières. Mais il arrive assez souvent aussi qu'on distingue dans les choses plusieurs parties, ou plutôt plusieurs par-

ticularités, et que l'une de ces particularités produit seule l'impression qui deviendra
une sensation suivie de la formation d'une
idée. Par exemple, la fleur connue sous le
nom de *lis* renferme parmi les particularités
qui la distinguent la couleur blanche, et cette
couleur peut quelquefois frapper notre vue
plus vivement que la fleur dans son ensemble.
En ce cas, nous n'aurons point la sensation
du lis, nous aurons seulement celle de *blanc*
ou *blancheur*; et quand l'empreinte se déta-
chera du cerveau, l'idée qui se formera sera
aussi l'idée *blanc* ou *blancheur*. C'est ce qu'on
appelle une idée abstraite; et on la nomme
ainsi parce que la blancheur semble avoir été
abstraite, tirée du lis, mise à part, en dehors
de cette fleur.

Si l'on demandait pourquoi, dans certains cas,
la blancheur du lis produit seule une impression assez vive pour qu'il en résulte une sensation, puis une idée, tandis que la fleur entière
ne produit rien, il faudrait répondre : Quand
nous avons sous les yeux un grand nombre
d'objets, il arrive souvent que notre attention
se porte sur un seul objet, et il est impossible
de savoir pourquoi celui-là seul est senti plutôt que tous les autres; il ne faut donc pas

s'étonner de l'impossibilité où nous sommes d'expliquer pourquoi dans certains cas le blanc seul est senti dans le lis, tandis que la fleur entière n'est pas remarquée. Tout cela résulte de la diversité des circonstances, on ne peut en douter ; mais les circonstances passent si rapidement qu'elles ne peuvent être distinguées.

Certaines idées abstraites ne sont pas tirées d'une seule chose entière, mais du rapprochement de deux ou plusieurs choses. Ainsi, supposons qu'un individu nommé Pierre nous apparaisse à côté d'une maison ou dans cette maison : nous le verrons peut-être faire certains actes d'autorité qui appelleront spécialement notre attention, et de cette impression particulière sortira l'idée abstraite de possession ou de propriété ; ce qui nous conduira à dire que la maison appartient à Pierre, que Pierre en est le propriétaire. Supposons encore que des nuages rassemblés soient suivis de la pluie : il est possible que notre attention ne se fixe ni sur les nuages ni sur la pluie, mais de préférence sur un certain rapport entre le rassemblement des nuages et la chute de la pluie ; dans ce cas il résultera peut-être de cette impression particulière l'idée de cause, qui sera tirée, abstraite, non des nuages seuls

ni de la pluie seule, mais du rapprochement
observé entre le rassemblement des nuages et
la chute de la pluie.

Les idées d'action, d'existence, de manières
d'être résultent presque toujours d'un changement survenu dans l'apparence extérieure
d'une personne, d'un animal, d'une plante,
ou même d'une chose brute qui semble alors
animée d'une espèce de vie. Ainsi, nous pos-
sédons, je suppose, un pigeon : tout à coup
nous voyons ce pigeon agiter ses ailes et s'élever dans l'air ; ce changement produit en nous
une sensation, et après la sensation naît l'idée
vol ou *voler*. Cette idée n'est pas tirée du rapprochement de deux choses ; mais elle est
tirée, abstraite du rapprochement ou de la
comparaison de deux états successifs d'une
même chose, d'un même animal. L'idée *vol*
ou *voler* pourrait d'ailleurs naître à la vue
d'un oiseau volant qui n'aurait pas été, auparavant, vu à l'état de repos : il suffirait pour
cela que certaines circonstances attirassent
notre attention sur l'acte plutôt que sur l'oiseau ; comme nous avons déjà vu l'attention
se porter sur la blancheur du lis, sans s'occu-
per de la fleur.

Quand les idées abstraites et les idées

d'action, d'existence, sont vagues, difficiles à préciser, on les appelle souvent métaphysiques; et, pour comprendre cet emploi du mot, il faut supposer qu'on a divisé la nature en deux parties, l'une facilement, l'autre difficilement observable, et qu'on réserve la qualification de physiques aux choses seules qui font partie de la nature très facilement observable. Ainsi les idées de possession, de cause, d'existence, de changement, de mouvement, celles de l'espace et du temps, sont souvent appelées métaphysiques, par cela seul qu'elles sont vagues et qu'il est fort difficile de les définir sans tomber dans des tautologies ridicules. Mais les véritables idées métaphysiques, dans la signification pleine du mot, représentent des êtres qui sont ou qu'on suppose placés en dehors ou au-dessus de la nature vraie, qui, certainement, renferme bien des choses difficiles à observer et à définir. Ces idées métaphysiques, dans le sens plein du mot, ne résultent point d'une abstraction; elles résultent plutôt d'une déduction, d'une suite de jugements ou de raisonnements, et quelquefois d'une foi souvent aveugle dans certains enseignements qu'il est impossible de contrôler par des faits.

Aux idées abstraites on peut opposer les idées composées, qui supposent le rapprochement de plusieurs idées, non pour former des jugements, comme on le verra au chapitre VI, mais pour que ces idées se modifient les unes les autres. Souvent les idées composées résultent d'une sensation, comme les idées physiques ordinaires; mais quand on veut nommer la chose qui a produit la sensation, ou l'idée de cette chose, la langue ne fournit point de nom spécial, et l'on est obligé de faire une agrégation de mots pour remplacer ce nom, que les créateurs de la langue n'ont point formé. Les mots agrégés qui expriment ces idées peuvent, dans certains cas, être considérés comme formant la définition anticipée d'un mot qui sera créé plus tard. Ainsi ceux qui, les premiers, virent qu'au moyen d'un certain appareil on obtenait des portraits par l'action seule de la lumière, purent créer l'expression agrégée *art d'obtenir des portraits par l'action seule de la lumière,* et cette expression était la définition anticipée du mot *photographie,* qui devait être créé plus tard.

2

V

PREUVES DE L'EXISTENCE SUBSTANTIELLE DES IDÉES,
DE LEUR ACTIVITÉ INTERNE ET DISTINCTE

Les logiciens parlent souvent des idées
comme si c'étaient des actes passagers que
fait l'âme immatérielle, et qui ne sont plus
rien dès que cette âme cesse d'agir. Dans
d'autres moments, ils amoindrissent encore
les idées, car ils les regardent comme n'ayant
qu'une existence logique ou grammaticale, et
n'étant rien de plus que des éléments de
phrases ou de pensées fugitives. Pour nous,
au contraire, les idées existent substantiellement, mais dans un lieu clos, où elles représentent ce qui existe librement ailleurs. Mais
quelques personnes seront peut-être disposées
à révoquer en doute l'existence substantielle,
distincte et active des idées ; elles ne pourront
se décider à croire qu'il y ait dans l'homme
des molécules ou des *je ne sais quoi* invisibles,
mais actifs, représentant parfaitement les
choses du dehors et capables de produire par
le dedans les mêmes impressions que les
choses produisent du dehors. Pour dissiper

ces doutes, on peut fournir des preuves très nombreuses, qui montreront les idées en action aussi clairement qu'on pourrait les montrer en substance si elles étaient matériellement visibles.

Commençons d'abord par signaler une expérience fort simple, que tout le monde peut faire et répéter aussi souvent qu'on le veut. Parmi les mots usuels, connus même des hommes les plus ignorants, prenez-en deux au hasard, *bouteille* et *couteau* par exemple. Voulez-vous avoir une preuve manifeste que les idées représentées par ces mots existent substantiellement et peuvent se montrer actives chez le premier individu qui se présentera devant vous? Parlez à cet homme, faites-lui entendre une phrase quelconque où se trouveront les mots *bouteille* et *couteau :* vous verrez aussitôt par ses réponses, par ses gestes, par ses actes, qu'il vous comprend aussi clairement que si vous lui aviez montré ou mis dans la main les objets désignés par ces mots. Comment cela est-il possible ? C'est que, par suite d'une habitude que l'individu a contractée dans son enfance, quand on lui apprenait à parler, aussitôt que son oreille entend prononcer les sons *bou teille, cou*

teau, les idées *bouteille* et *couteau* qui sont
en lui se réveillent et viennent produire le
même effet que si une bouteille et un couteau
lui étaient montrés. Si, au lieu de faire l'expérience sur un homme du pays, on la fait
sur un Anglais, les sons *bou teille*, *cou teau*
ne produiront sur lui aucun effet, et pourtant
il a aussi en lui les idées *bouteille* et *couteau;*
mais pour les éveiller ce sont les mots *bottle*
et *knife* qu'il faudrait prononcer. Si, enfin,
on se trouvait en présence d'un sauvage ayant
vécu dans un pays où il n'y aurait ni bou-
teilles ni couteaux, il est évident que les mots
bouteille et *couteau*, *bottle* et *knife*, ou tous
autres mots quelconques, seraient impuissants
pour éveiller en lui des idées que rien n'a pu
y faire naître. Il est aisé de comprendre que
des expériences analogues peuvent être faites
pour tous les mots de la langue usuelle.

La personne même qui fait l'expérience
porte aussi en elle les idées *bouteille* et *couteau*, et l'existence substantielle de ces idées
s'est manifestée par le pouvoir même de prononcer les mots *bouteille* et *couteau*. Car ce
sont les organes vocaux qui énoncent les mots,
et comme le mouvement de ces organes commence en dedans, il a fallu qu'ils reçussent

l'impulsion de quelque chose situé au dedans et doué d'une force qui ne peut appartenir qu'à ce qui existe substantiellement.

On trouvera d'autres preuves dans beaucoup de faits particuliers qui ont lieu chaque jour et dont il suffira de rapporter ici quelques-uns des plus remarquables.

Vous allez chez un ami; votre visite n'a aucun but déterminé, vous n'avez pas réfléchi d'avance à ce que vous lui direz; et pourtant, dès que vous êtes près de lui, la conversation commence, et elle se continue longtemps. Vous parlez d'une foule de choses qui ne sont pas là, sous vos yeux, et dont, par conséquent, vous ne pouvez trouver les idées qu'en vous-même. Pourquoi ces idées-là, précisément celles-là, viennent-elles mettre en jeu vos organes de la parole, plutôt que beaucoup d'autres idées? Si, au lieu de faire votre visite à l'heure où vous êtes venu, vous l'aviez faite une heure plus tard, il est probable, ou plutôt il est certain que vous n'auriez pas tenu le même langage, et votre ami lui-même aurait été amené à prononcer des paroles toutes différentes de celles qu'il vous a adressées. Comment expliquer ces phénomènes bizarres? Il n'y a qu'un moyen: c'est d'admettre que les idées très nombreuses qui existent en vous et celles que possède en lui votre ami jouissent d'une grande mobilité et peuvent être comparées sous ce rapport aux molécules de l'air, que le moindre souffle agite en mille sens divers. En une heure, tous les objets qui sont venus frapper votre vue et celle de votre ami ont produit de nombreux dérangements dans vos idées; telle idée qui se trouvait placée à côté d'autres idées avec lesquelles elle pouvait aller impressionner le cerveau, pour lui faire mettre en mouvement les organes de la voix, s'est éloignée, a été remplacée par une autre, qui donnera un nouveau cours à la conversation.

On joue au jeu du corbillon. Le moment vient où il faut répondre à la question : je te vends mon corbillon, qu'y met-on ? Aussitôt et sans beaucoup d'hésitation on répond : un goujon. Où a-t-on trouvé l'idée et le nom d'un goujon? C'est évidemment dans le magasin d'idées dont on dispose, et il serait d'ailleurs plus exact de dire que l'idée et le nom *goujon* se sont présentés d'eux-mêmes. Mais pourquoi *goujon* s'est-il présenté plutôt que *mouton, champignon, oignon, potiron, chausson,* etc., qui se présenteront probablement chez les autres joueurs? La cause qui, pour chaque joueur, met en avant telle idée plutôt que telle autre tient certainement à la position même qu'occupent actuellement ces idées, à l'état où elles se trouvent, et enfin à des mouvements intérieurs qui les ont entraînées ou poussées dans certaines directions. Mais cette position, cet état et ces mouvements ne peuvent tomber sous l'observation directe, parce que tout se passe dans un lieu fermé.

Toutes ces preuves peuvent être considérées comme rentrant dans le domaine de la mémoire. L'homme qui comprend la signification des mots *bouteille* et *couteau*, montre par là qu'il se rappelle ce qu'on lui a appris dans son enfance sur la signification de ces mots. Celui qui va visiter son ami et qui s'entretient avec lui d'une foule de choses, montre que toutes ces choses et les mots qu'il emploie pour les nommer sont restés dans sa mémoire. Ceux qui jouent au corbillon ne peuvent nommer que les choses dont ils se rappellent le nom.

A ces expériences et à ces faits particuliers on peut joindre des faits d'un caractère général, où l'existence positive et l'activité des idées se décèlent plutôt qu'elles ne se montrent ouvertement ; mais où l'on trouve quelque chose d'étrange qui commande l'attention. Ainsi l'homme est le seul animal qui trouve du plaisir à voir les personnes et les choses représentées de mille manières : il se fait peindre, il se fait photographier, il fait peindre ou photographier tout ce qu'il aime ; enfant, il joue avec des images ; jeune et jusqu'à l'âge le plus avancé, il fait des collections de tableaux, de gravures, de statues, qu'il admire et qu'il fait admirer à ses amis. Un vieil arbre tortu, comme il y en a tant dans les bois et dans la campagne, attire à peine ses regards ; mais si cet arbre rabougri est peint sur une toile, il ne se lasse pas de le contempler, de le faire contempler aux autres. Il aime les jeux du théâtre, qui ne sont que des représentations factices des choses qui se passent dans la vie réelle. S'il arrive que les nuages, par suite des variations continuelles qu'ils subissent dans leurs formes et dans leurs couleurs, semblent représenter une montagne, un cavalier, un arbre, un palais, il est ravi d'admiration, il dit à tous : Voyez comme c'est beau ! Ce plaisir étrange que l'homme trouve dans les représentations, et auquel tous les autres animaux restent complètement insensibles (remarquez surtout cette circonstance vraiment singulière), ne peut venir que de ce que l'homme est lui-même, comme être pensant, une collection de molécules représentatives ou d'idées, ayant puissance de se grouper pour former des pensées, qui sont encore des représentations de faits réalisés ou pouvant se réaliser dans la nature : ceci sera expliqué dans le chapitre suivant. A tous ces plaisirs, le paysan et l'ouvrier préfèrent celui de boire avec des camarades ; mais en buvant ils se procurent une demi-ivresse et cette demi-ivresse leur plaît surtout parce qu'elle secoue la torpeur habituelle de leurs idées, et les rend plus promptes à se grouper pour former des jugements flottants, des rêves d'homme éveillé, qui ne sont que des représentations se succédant rapidement les unes aux autres. Et souvent, en buvant, le paysan et l'ouvrier jouent à divers jeux. Pourquoi trouvent-ils du plaisir à jouer? Parce que le jeu est une représentation des luttes de la vie, qui finissent toujours par la victoire des uns et la défaite des autres, comme à la fin de toute partie de jeu il y a un gagnant et un perdant.

Les animaux qu'on appelle intelligents ne sont pas entièrement dépourvus d'idées, mais ils ne savent pas que ces idées, qui, d'ailleurs, sont très peu nombreuses, ont une valeur représentative ; quand elles agissent en eux, ils croient naïvement que ce sont les choses du dehors qui agissent. Placez un chat devant un miroir et observez ses mouvements, vous serez convaincu qu'il croit voir un animal, et qu'il ne s'aperçoit pas du tout de la ressemblance qui existe entre lui et cet animal.

VI

JUGEMENTS, OU PENSÉES AFFIRMATIVES ET NÉGATIVES ; LANGAGES DIVERS EXPRIMANT CES PENSÉES OU LES ANTICIPANT

Si l'on s'en rapportait aux logiciens, le jugement, qu'on peut aussi désigner sous le nom de pensée affirmative ou négative, serait une sentence prononcée par l'âme, pour décider s'il y a convenance ou disconvenance entre deux idées. Prenons pour exemple un jugement des plus simples, celui qui affirme la douceur du miel ; tâchons de reconnaître ce qui se passe chez l'être pensant quand ce

jugement est formé, et nous serons bientôt
convaincus que l'âme, telle que la conçoivent
les logiciens, y reste complètement étrangère.
L'idée du miel se présente d'abord; et pourquoi se présente-t-elle? Parce qu'une cause
quelconque, extérieure ou intérieure, a fait
sortir cette idée du lieu caché où elle restait
inerte et inaperçue. Dès que l'idée *miel* est
sortie de son inertie, les forces qu'elle porte
en elle, et qui représentent les qualités réelles
du miel, attirent l'idée *doux*, pourvu toutefois
que celle-ci ne se trouve pas en ce moment
trop éloignée. C'est ce rapprochement des
idées *miel* et *doux*, ce mouvement de l'une
vers l'autre, qui constitue tout le jugement.
Dans d'autres circonstances, une cause quelconque peut faire sortir ensemble de leur
inertie deux idées qui se présentent comme
jointes et comme agissant l'une avec l'autre.
Cela suffit encore pour montrer qu'il y a entre elles certains rapports, et pour constituer
un jugement. En général, on peut dire que
tout jugement est un fait intérieur qui modifie
la situation respective de deux ou plusieurs
idées, ou qui met mieux en évidence cette
situation respective. Le jugement serait né-
gatif si, au lieu d'un rapprochement ou d'une

jonction d'idées, il y avait éloignement, écart, séparation bien marquée.

La cause qui fait sortir ensemble de leur inertie plusieurs idées n'est autre, fort souvent, que certains faits extérieurs qui nous sont manifestés par des sensations complexes. Prenons pour exemple le jugement : mon frère m'a écrit une lettre datée de Londres. Pourquoi les idées *frère, écrire, lettre, datée de Londres,* se sont-elles rapprochées et ont-elles formé le groupe que nous venons d'exprimer? Ce n'est pas par suite d'attractions ou de forces résultant de la nature des êtres et des choses ; mon frère et la lettre sont d'une nature telle, que le frère pouvait écrire ou ne pas écrire, et que la lettre pouvait être datée de tout autre lieu aussi bien que de Londres ; ce n'est pas non plus parce que l'âme a voulu qu'il en fût ainsi. Ce groupement d'idées a pour cause unique plusieurs faits qui sont arrivés ce matin : le facteur m'a remis une lettre, j'ai vu qu'elle était écrite et signée par mon frère, que le mot Londres était en tête. En premier lieu, ces faits ont été divers mouvements passagers : mouvement du facteur apportant une lettre, de mes mains ouvrant la lettre, de mes yeux lisant cette lettre, de mes idées remuées par les phrases écrites, etc. Mais, en ce moment, que sont-ils, ces faits? Au dehors, ils ne sont plus rien, puisqu'ils sont passés; il faut pourtant qu'ils soient encore quelque chose pour moi, puisque la phrase que j'énonce correspond à une pensée qui existe réellement en moi. Il y a en moi, nécessairement, quelque chose qui représente l'arrivée du facteur, la remise d'une lettre, l'ouverture et la lecture que j'en ai faites, les impressions que j'en ai ressenties. Comment tout cela peut-il être représenté? Ce ne peut être que par certaines traces que les faits, sous forme de sensations et de jugements, ont marquées sur les idées *frère, écrire, lettre, datée de Londres.*

Le jugement, une fois produit de l'une des manières qui viennent d'être exposées, est très souvent suivi de l'énonciation d'une phrase qui a pour but de le faire connaître aux autres hommes, et qu'on appelle une proposition; c'est ainsi qu'après le rapprochement des idées *miel* et *doux* on a pu dire : Le miel est doux, et qu'après le groupement d'idées produit par certains faits on a dit : Mon frère m'a écrit une lettre datée de Londres. Il est probable que les logiciens pensaient à la proposition quand ils ont dit que le jugement était une décision, une sentence; car celui qui affirme que le miel est doux parle comme s'il avait l'autorité nécessaire pour contraindre, pour condamner en quelque sorte les autres hommes à penser du miel ce qu'il en pense lui-même. Mais cette sentence prononcée, sous forme de proposition, est un acte extérieur qui suppose un fait intérieur dont il n'est que l'expression; et ce fait intérieur ne peut être qu'un mouvement d'idées, dépourvu de toute autorité sur les autres hommes. Si l'on éprouve quelque hésitation, quelque répugnance à nommer jugement ou sentence un simple mouvement d'idées, c'est qu'on voudrait ne pas confondre la pensée même, la pensée intérieure, avec son expression par la parole, confusion que n'ont pas évitée les logiciens.

Si l'on excepte les cas où plusieurs idées ne sont réunies que pour former des idées composées, on doit considérer tous les mouvements de nos idées comme un véritable langage que parlent en nous et pour nous les choses intériorisées, et qu'elles parlent évidemment sans conscience, sans pensée qui leur soit propre. Mais ces mouvements d'idées

qui, considérés du côté des choses, sont un
langage sans pensée, deviennent des pensées
quand nous les considérons par rapport à notre personnalité tout entière. Si ensuite nous
voulons exprimer ces pensées pour qu'elles
soient connues des autres hommes, il faut
que, jouant le rôle d'interprètes, nous tradui-
sions le langage intérieur et inconscient des
choses en un autre langage qui se fait entendre au dehors. Ainsi, les choses entrent en
nous, nous les sentons ; elles parlent par leurs
mouvements ; de leur langage nous faisons
nos pensées, puis nous le traduisons : telle est
la part des choses, et telle est la part de l'homme
dans le mécanisme de la pensée. Il existe trois
langages principaux dont nous pouvons nous
servir pour traduire le langage interne des
choses : le premier est celui du geste, des
cris, des regards, c'est le plus grossier des
trois, et il nous est commun avec les animaux ;
le deuxième est la parole, ou le langage articulé ; le troisième est celui de l'écriture et de
l'imprimerie, qui ne sont l'une et l'autre que
la parole solidifiée, rendue transportable et
transmissible de génération en génération jusqu'à nos derniers descendants.

L'origine de la parole est une question qui

a été longuement et souvent débattue. Plusieurs philosophes, entre autres M. de Bonald, ont soutenu que la parole a dû être miraculeusement révélée à l'homme, et que celui-ci, au moment où il a été créé, a reçu de son Créateur une langue toute faite. Pour inventer la parole, disait M. de Bonald, il aurait fallu que l'homme en connût l'utilité, qu'il en devinât la possibilité et qu'il y pensât souvent. Or, pour former de telles pensées, la parole eût déjà été nécessaire; car penser c'est se parler à soi-même intérieurement. On a trouvé cela très profond, et les libres penseurs eux-mêmes, qui presque tous ne croient pas en Dieu, ont répété, après M. de Bonald, que pour penser il faut des mots avec lesquels on puisse intérieurement parler sa pensée. Mais s'il est vrai que la pensée consiste quelquefois à se dire à soi-même tout bas de véritables mots, qu'on ne prononce qu'à demi et que personne n'entend, il est certain aussi que, le plus souvent, ce sont les choses intériorisées qui parlent seules la pensée au dedans. Or, pour ce langage-là, les choses ne se servent point de mots; elles n'ont besoin que de mouvements, qui font l'office de signes parlants.

On vient de voir comment l'homme forme
des jugements, ou des pensées qu'il exprime
ensuite par des propositions. Mais avant de juger ou de former des pensées déterminées, il
lui arrive souvent d'éprouver une certaine indécision, de s'étonner, de réfléchir : comment
doit-on concevoir cet état d'indécision ; en d'autres termes, que se passe-t-il chez l'homme qui
réfléchit ? Rien autre chose toujours que des
mouvements d'idées. Si ces mouvements se
font librement, facilement, sans se contre-
carrer les uns les autres, c'est la pensée simple, telle qu'elle vient d'être décrite ; si, au
contraire, un mouvement d'idées est suivi
d'un ou de plusieurs autres mouvements qui
paraissent capables de contrarier le premier,
il s'établit une lutte intérieure qui peut durer
plus ou moins longtemps. Tant que cette lutte
se prolonge, les mouvements d'idées sont sus-
pendus ; ou ils deviennent hésitants, coupés
par des déviations ou des retours en arrière ;
et c'est cette suspension même, cette hésitation, cette lutte, qui prennent le nom de ré-
flexion quand on les considère par rapport à
notre personnalité tout entière. La lutte cesse
quand il s'est produit une certaine pondéra-
tion entre les forces dont sont animées les

idées qui avaient été mises en mouvement.

Les jugements ou les pensées affirmatives et négatives, c'est-à-dire les mouvements de nos idées, laissent souvent sur ces idées des traces durables, comme on l'a déjà vu à propos de la mémoire des faits. Il suffit ensuite que ces traces viennent affecter quelque fibre sensible, pour que les jugements soient rappelés à la mémoire, et même pour qu'ils soient reproduits. On doutera peut-être que les idées, qui portent déjà tant de traces représentant les propriétés si diverses des choses, puissent encore recevoir des traces nouvelles sans que tout cela se confonde. Est-ce que l'extrême petitesse des idées, dira-t-on, ne rend pas impossible cette multiplicité toujours croissante de traces, qui doivent nécessairement rester distinctes, sans quoi elles ne serviraient à rien ? A cette question, ou plutôt à cette objection, voici ce qu'on peut répondre : Les progrès incessants de l'art photographique nous montrent tous les jours que les formes les plus variées peuvent, instantanément, être reproduites, dans tous leurs détails les plus minutieux, sur des surfaces si petites, que l'œil nu n'y distingue rien ; mais on les regarde avec des verres grossissants, et l'on voit apparaître de magnifiques tableaux où les objets sont représentés avec une ressemblance parfaite. Après la photographie, la découverte du phonographe et celle du téléphone ont prouvé que les sons, les voix, les chants (*ce ne sont plus des formes*) peuvent aussi, instantanément, être représentés et reproduits par de petits sillons tracés sur de très petites surfaces, ou par de petites vibrations communiquées à de très minces membranes. Que faut-il de plus pour qu'on ait le droit de juger que toutes les choses et tous les êtres, sans exception, de quelque nature qu'ils soient, peuvent être instantanément représentés, avec une exactitude merveilleuse, non seulement dans leurs formes, mais dans toutes leurs qualités et toutes leurs propriétés, et que cette représentation peut se trouver faite dans ce que nous avons appelé empreintes ou idées? Il suffit d'admettre que ce qui est possible pour des lignes, des formes, des dimensions, des sons, des voix et des chants, est possible aussi pour des propriétés physiques, des forces, des tendances actives. Or, on peut bien admettre cela, et il n'y aura dans cette supposition rien d'exorbitant. Ainsi, les inventions assez récentes de la photographie, du phonographe et du téléphone semblent avoir préparé la découverte du vrai mécanisme de la pensée, et avoir disposé d'avance les esprits à ne point se laisser effrayer par ce qui reste de mystérieux dans ce mécanisme.

Nous avons vu qu'un jugement ou une pensée particulière est un fait interne qui commence toujours par un mouvement d'idées. Or ce jugement ou cette pensée sera sentie, et nous en aurons conscience si le mouvement des idées se fait de manière à affecter un nerf ou une fibre sensible ; mais s'il en est autrement, il n'y aura qu'un jugement sourd, latent, inconscient, une ombre de jugement ou de pensée. Cependant, quoique latents et inconscients, ces jugements produisent souvent quelques-uns des effets qu'ils produiraient s'ils étaient sentis : ils provoquent d'autres jugements, qui peuvent en provoquer d'autres encore, jusqu'à ce qu'un dernier jugement se fasse sentir à des fibres nervales, et, par l'intervention du cerveau (voir le chapitre VIII sur la Volonté), mette en mouvement des muscles qui produiront un acte extérieur, où toute cette suite de jugements se trouvera implicitement manifestée.

Le raisonnement n'est qu'une suite de ju-

gements s'enchaînant l'un à l'autre et con-
duisant à un jugement final, qu'on appelle
conclusion. Il peut y avoir des raisonnements
latents ou inconscients, de même qu'il y a des
jugements dont nous n'avons pas conscience.
Mais comme quelques personnes pourraient
trouver étrange qu'on pût juger et raisonner sans le savoir, nous allons prouver l'existence de ces jugements et de ces raisonnements latents, par des faits qui se renouvellent
tous les jours et qui frappent tous les yeux.

Supposons que, pour un motif quelconque,
vous éprouviez le besoin de parler sans retard
à une personne avec qui vous avez des relations d'intérêt. Vous allez sur-le-champ vous
mettre en route vers la demeure de cette personne, et, sans vous y tromper, vous pren-
drez le chemin le plus court. Pourquoi pren-
drez-vous ce chemin plutôt que tout autre?
C'est évidemment parce que vous savez qu'il
est le plus court. Mais que veut dire cette expression *vous savez?* On ne peut pas dire qu'en
ce moment vous comparez plusieurs chemins
et que, par suite de cette comparaison, vous
avez conscience de juger l'un d'eux plus
court que les autres; non, votre pensée sentie
actuelle ne se porte ni sur des chemins ni sur

leur longueur, et pourtant il est vrai que vous connaissez tel chemin comme étant le moins long. Cela veut dire que vous avez comparé et jugé ainsi, dans le passé, que votre jugement s'est gravé sur quelques-unes de vos idées par des traces qui persistent, et dont la persistance est précisément ce qui constitue votre connaissance, ce qui fait que vous *savez*. Le cerveau, impressionné par ces traces, fait ensuite ce qui est nécessaire pour mettre en jeu les muscles qui agissent sur vos pieds, sur vos jambes, et pour en diriger les mouvements vers la voie la plus courte qui vous mènera où vous avez besoin d'aller (voir le chapitre VIII sur la Volonté). Il est probable aussi qu'il faut réserver une part d'action assez grande à certaines forces virtuelles, qui ne sont autres que des habitudes développées dans les muscles, dans les jambes et dans les pieds.

Tel général se voyait menacé d'une déroute presque inévitable, lorsqu'une manœuvre habile, commandée par lui, est venue tout à coup changer la face des affaires, et c'est lui qui a battu l'ennemi à plate couture. S'il voulait exposer les raisons qui l'ont porté à commander cette manœuvre, il lui faudrait beaucoup de paroles, et plusieurs de ces raisons échapperaient certainement à sa mémoire ; car leur action tout intérieure a été si rapide qu'il ne les a pas toutes senties, et que quelques-unes de celles même qu'il a senties ont pu n'être perçues que d'une manière indistincte et superficielle. Cependant il est certain que ces raisons ont agi en lui, puisqu'elles ont produit le résultat qui fait aujourd'hui sa gloire, et puisqu'il peut en rapporter quelques-unes. Donc chacun des jugements que supposent ces raisons s'est fait rapidement en lui par le mouvement de certaines idées, et s'est fait d'une manière latente, puisque la mémoire n'en a conservé aucune trace. Quelques instants plus tard, par suite de quelque changement imperceptible survenu dans les circonstances du dehors ou du dedans, les idées auraient été disposées autrement, se seraient mues d'une autre manière ; la résolution n'aurait pas été la même, la manœuvre n'aurait pas été commandée, et le général aurait été vaincu. On explique ordinairement d'une autre façon les faits de ce genre ; on dit que le général a montré du génie, qu'il a eu une inspiration lumineuse. Mais cherchez bien ce qu'il y a sous les mots *génie*, *inspiration*, et vous verrez qu'ils ne peuvent signifier autre chose qu'une grande aptitude à produire instantanément une succession rapide de mouvements d'idées, qui se font pour la plupart d'une manière inconsciente ; que cette aptitude appartient aux idées elles-mêmes, et non à une âme distincte des idées ou à un prétendu génie plus chimérique encore que l'âme ; qu'enfin dans les molécules idéelles l'aptitude dont il s'agit est le résultat très complexe de la constitution du cerveau, des circonstances de la vie, de l'éducation, des habitudes contractées.

Un enfant voit pour la première fois ferrer un cheval, et il entend dire que l'artisan qui fait ce travail est un maréchal. Quelques instants après, l'enfant adresse à son père cette question : Comment les *maréchaux* peuvent-ils percer le fer ? Il est évident que cet enfant a dû faire en lui-même quelque chose d'équivalent au raisonnement suivant : *maréchal* doit former son pluriel comme les autres mots en *al* que je connais ; or, *cheval, animal, cristal, bocal* font au pluriel *chevaux, animaux, cristaux, bocaux ;* donc je dois dire *maréchaux*, puisque je veux parler de plusieurs artisans exerçant le métier de l'homme qui travaille en ce moment sous mes yeux. Si l'enfant n'a pas formulé nettement cet enchaînement de jugements, ils ont dû se faire en lui sans qu'il en eût conscience; c'est-à-dire que tout s'est réduit à des rapprochements d'idées qu'il a pu ne pas sentir, parce qu'ils ont eu lieu sans qu'un nerf en fût affecté.

Dans certains cas, les mouvements des idées constituent des jugements qui, sans être formellement sentis, ne sont pas tout à fait latents, puisqu'ils se manifestent au dehors par l'expression du regard, par les attitudes, par le geste. Ainsi, quand un orateur lit dans les yeux, dans les mouvements des auditeurs les pensées qu'il excite en eux, il arrive souvent que les auditeurs eux-mêmes n'ont pas nettement conscience de ces pensées. A qui encore n'est-il pas arrivé d'éprouver une sorte d'effroi en lisant dans l'œil d'un ennemi des menaces dont celui-ci ne se rend pas compte à lui-même? Ces pensées chez les auditeurs, ces menaces chez l'ennemi sont des jugements, des pensées, des sentiments qu'on pourrait appeler semi-latents.

Quand on considère les rapports qui peuvent exister entre les jugements formés par le même être pensant, on remarque que quel-

ques-uns d'entre eux peuvent devenir prédominants, tandis que beaucoup d'autres leur
sont subordonnés. Les mouvements d'idées
qui tendent à deviner des choses qu'on ne
peut voir sont toujours subordonnés, et la
pensée prédominante est celle par laquelle
nous jugeons qu'il nous serait utile de connaître certains faits se rapportant soit au
passé, soit au futur, ou que nous supposons
devoir se réaliser en ce moment même loin
de nous, dans un lieu que notre vue ne peut
atteindre. Dès que ce jugement prédominant est
formé, il prend une grande puissance, et beaucoup de faits passés qui peuvent aider à deviner ceux dont la connaissance est désirée sont
tout à coup rappelés à la mémoire. Un autre
jugement, senti ou inconscient, peut aussi se
trouver formé : c'est celui qui affirme la con-
tinuité des lois naturelles, la similitude des
effets quand les causes sont les mêmes ; et ce
jugement peut aussi prendre une influence
prépondérante. Sous la prédominance de ces
jugements, les souvenirs changent de forme
et deviennent des pensées qui s'appliquent
d'elles-mêmes au passé inconnu, au présent
caché à nos regards, ou au futur plus caché
encore.

Mais la prépondérance et la subordination des jugements n'ont pas toujours pour effet de faciliter la connaissance de certains faits ; elles n'ont quelquefois d'autre résultat que de modifier la couleur générale de nos idées, de nos pensées, ou de leur imprimer une tendance particulière. Parmi les événements dont la suite forme, pour chaque homme, le cours ou le tissu de sa vie, il s'en trouve quelquefois un ou plusieurs qui ont une très grande importance et qui apportent dans sa vie, dans ses habitudes, des changements plus ou moins graves, plus ou moins durables. Ces événements se traduisent dans l'homme par des jugements qui marquent leurs traces sur une ou plusieurs des idées en mouvement et qui deviennent des jugements prédominants ; les idées elles-mêmes qui portent ces traces deviennent des idées prédominantes. Ainsi, par exemple, quand un criminel a été condamné à mort, cette condamnation s'empreint sur une ou sur quelques-unes de ses idées ; et toutes ces empreintes sont pour lui des jugements prédominants, toutes ces idées deviennent également prédominantes. Jusqu'au jour où ce malheureux expiera son crime, tous les jugements, toutes les pensées qui se formeront en lui seront subordonnés à ces jugements ou à ces idées, et auront une couleur sombre, un caractère pénible, douloureux.

La pensée prédominante peut quelquefois être une simple résolution que l'homme a prise; et cette résolution, sous la forme d'un jugement, se grave sur une idée. Supposons qu'un littérateur a résolu de composer un roman sous le titre de *La jeune Orpheline*, et que cette résolution bien arrêtée s'est empreinte sur l'idée *orpheline* sous la forme d'un jugement qui s'énoncerait ainsi : on peut faire un roman intéressant en prenant pour sujet les aventures d'une jeune orpheline. Dès ce moment, l'idée *orpheline* a acquis une importance et une force énormes; le jugement qui s'est empreint sur elle est destiné à dominer, pendant tout le temps qu'exigera la composition du roman, toutes les pensées qui se formeront en rapport avec ce travail littéraire.

La faculté de former des pensées ou des jugements prend ordinairement le nom d'imagination, quand elle s'exerce ainsi sous la prédominance de certains jugements antérieurs. Quand on dit d'un poète, d'un littérateur, d'un orateur, qu'ils ont beaucoup d'imagination, cela signifie que la constitution intime de leur cerveau et de leurs idées est telle que chaque idée prend facilement une grande prédominance, et que cette prédominance force à se montrer beaucoup d'idées restées longtemps en oubli, dont ils se serviront pour composer des vers, des livres, des discours éloquents. Quand on dit d'une jeune fille qu'elle a trop d'imagination, on fait entendre par là que, dans certains moments, elle laisse prendre trop d'empire à la première idée qui se présente, et que la prédominance excessive laissée à cette idée porte la jeune fille à dire ou à faire des choses extravagantes.

VII

MÉMOIRE

On remarque souvent que certaines idées, après être restées en évidence plus ou moins longtemps, se trouvent reléguées dans des recoins obscurs, où elles restent inertes et où elles ne sont pas senties. Puis tout à coup elles sont remuées et mises en lumière par l'effet de certaines sensations ou de certains mouvements intérieurs, qui les mettent en contact, en rapport momentané avec d'autres idées ou avec quelque nerf, quelque fibre sensible. Ce phénomène est très fréquent, et c'est le plus simple des phénomènes qu'on peut faire entrer dans le domaine de la mémoire. Il faut toutefois remarquer que, si l'idée ou la pensée qui revient se mettre en rapport avec une fibre sensible ou avec d'autres idées, ne se présentait pas sous un aspect tout à fait particulier, on ne placerait pas ordinairement ce retour parmi les faits de mémoire. Le témoin qu'un juge interroge revoit les choses et les faits tels qu'il les a vus dans une circonstance particulière ; et l'on ne manque jamais de dire qu'il retrouve ces choses et ces faits dans sa mémoire ; mais quand un publiciste, un orateur, un littérateur, un professeur expriment de nouveau des sentiments, des jugements, des raisonnements qu'ils ont déjà exprimés bien des fois, on ne dit guère qu'ils les retrouvent dans leur mémoire ; on aime mieux dire qu'ils les reproduisent par leur habileté à juger et à raisonner.

La mémoire peut être appelée connaissance en action. Supposons qu'un homme a lu dans les journaux le récit d'une catastrophe qui a causé la mort de plusieurs personnes : il con-

naît cette catastrophe, il sait qu'elle a eu
lieu, et, comme nous l'avons déjà remarqué
ailleurs, il sait cela même quand il pense à
autre chose, même quand le sommeil a tout à fait
arrêté le cours ordinaire de ses pensées ; il le
sait, parce qu'il possède en lui des idées où
se sont empreintes les traces des faits ; et dans
les moments où ces idées et ces traces ne sont
pas senties, elles continuent cependant d'exister en lui : c'est cette existence même, cette
continuation d'existence, qui constitue la connaissance de la catastrophe. Si plus tard une
circonstance quelconque vient faire sortir les
idées de leur inertie, la connaissance devient
active et donne lieu à un acte de mémoire.

Le souvenir d'une idée entraîne presque
toujours le souvenir du nom de cette idée,
parce que ce nom s'est gravé sur l'idée dès le
temps où l'enfant apprenait à parler, ou quelquefois un peu plus tard, s'il s'agit d'une chose
dont on ne parle guère aux enfants. Mais
outre cette mémoire des noms destinés à désigner chaque idée et chaque chose, il y a
une autre mémoire qu'on peut appeler plus
spécialement mémoire des mots, et qui consiste à retenir une suite de mots, quelquefois
fort longue, qu'on a appris *par cœur*. Un en-

fant apprend une pièce de vers pour la fête de son père ; un prédicateur sait mot à mot le sermon qu'il doit prononcer dans la chaire; un acteur sait le rôle qu'il va jouer sur le théâtre : puisque l'enfant, le prédicateur, le comédien sont en état de réciter beaucoup de mots dans un ordre fixe et sans se tromper, il semble que chacun d'eux doit avoir formé en lui une sorte de tableau ou de pancarte où ces mots ont été gravés. La matière de ce tableau, de cette pancarte, a-t-elle été détachée du cerveau comme les parcelles ou molécules dans lesquelles résident les idées ? Le tableau diffère-t-il seulement des idées par sa forme et par des dimensions plus grandes? Le *cœur* joue-t-il un rôle actif dans cette mémoire des mots; ou bien l'expression *apprendre par cœur* fait-elle entendre seulement que les tableaux où les mots sont gravés vont se loger près du cœur, d'où il résulte que celui qui, plus tard, récite les mots croit les tirer de son cœur plutôt que de sa tête? Ces questions restent jusqu'ici insolubles, et elle sne seront peut-être jamais résolues. Faut-il croire que ce sont les pensées, les idées, les choses signifiées par les mots, qui se gravent sur les tableaux? Non, puisqu'il s'agit ici de la mémoire

des mots, et puisqu'on peut faire apprendre
de longues prières en latin à de jeunes en-
.fants, à des religieuses, pour qui les mots
latins n'ont aucune signification. Les mots
sont-ils gravés en caractères alphabétiques?
Non encore ; car la pièce de vers et la prière
en latin peuvent être apprises par un enfant
qui ne sait pas lire, si quelqu'un prend la
peine de lui dire les mots, de les lui faire
répéter un nombre de fois suffisant. Ce qui
paraît le plus vraisemblable, c'est que les
tableaux reçoivent les traces ou les marques
des sons qui forment les mots quand la voix
les énonce.

Mais outre ces tableaux qui portent gravés
des discours, des rôles scéniques, des poésies,
il y en a d'autres qui paraissent devoir exister,
les uns chez tous les hommes, les autres chez
ceux dont les études ont été dirigées vers
telle ou telle branche du savoir humain. Tous
les hommes connaissent la suite naturelle des
nombres, celle des jours de la semaine, celle
des mois ; ceux qui ont étudié l'histoire et la
géographie sont en état de dire la suite des
empereurs ou des rois, des îles, des golfes,
des montagnes, les chefs-lieux et les sous-
préfectures des départements ; un anatomiste

connaît par ordre tous les os du squelette humain, les veines, les artères, etc. Toutes ces suites existent-elles vraiment en nous sous forme de tableaux ? Ce qui pourrait porter à le croire, c'est que nous avons quelquefois la puissance d'énoncer à rebours les suites de mots, comme si les tableaux où elles seraient tracées pouvaient être tournés, renversés, mis la tête en bas. Il peut aussi arriver que, par caprice, on veuille énoncer les termes des séries de deux en deux, de trois en trois, et, avec beaucoup d'attention, quelques personnes parviennent à le faire. Cependant il ne faut pas s'attacher trop étroitement à ces mots *tableau* et *pancarte*, que nous avons employés pour expliquer certains faits de mémoire : les choses se passent comme s'il y avait en nous des tableaux ou des pancartes : voilà tout ce qu'on peut affirmer.

La mémoire est sujette à des défaillances, à des retours, à des entraînements, à des préférences, à des espèces de maladies, et tout cela est quelquefois bien bizarre. Certains hommes, doués d'ailleurs d'une intelligence remarquable, n'ont pas ce qu'on appelle la mémoire locale, que d'autres possèdent à un degré éminent. Quelques-uns ont la mémoire

des physionomies et reconnaissent avec la plus
grande facilité des personnes qu'ils n'ont vues
que deux ou trois fois. D'autres ont ce qu'on
appelle la mémoire des chiffres ou celle des
dates. Certains enfants n'ont besoin que de
lire deux ou trois fois une courte leçon, pour
être en état de la réciter sans y faire de fautes;
tandis que, pour le plus grand nombre des
enfants, apprendre leur leçon est un travail
réellement pénible et qui demande beaucoup
de temps.

On a vu précédemment que certaines idées
se montrent sous plusieurs aspects, et qu'un de
ces aspects ne représente plus que ce qu'il y
a de commun à toutes les choses de même
nature, tandis que les particularités qui les
distinguaient se sont mises à l'écart et ont été
presque complètement effacées. Mais il arrive
quelquefois, par suite de quelque impression
très vive, que les particularités qui avaient
disparu reparaissent tout à coup et reprennent
la force et l'éclat qu'elles avaient eus d'abord,
en sorte que l'idée qui s'était généralisée
redevient momentanément une idée particulière. Comment cela peut-il se faire? Pour le
comprendre, il suffirait peut-être de supposer
que l'idée qui avait commencé par être parti-

culière et qui n'est devenue générale que
dans l'un des aspects sous lesquels elle se
montre, tourne sur elle-même et recommence
à montrer l'aspect particulier qui avait été le
premier en vue. Toutefois, il resterait encore
à chercher la cause de ce retournement ou de
cette évolution : c'est encore ici un de ces
points mystérieux où il sera bien difficile de
faire pénétrer la lumière.

La perte ou l'absence de la mémoire est
une maladie qui, quand elle est bien caractérisée, a reçu le nom d'amnésie. Elle résulte
le plus ordinairement de la vieillesse ; mais
ce qu'il y a d'étrange, c'est que, si le vieillard
oublie les faits récents, on le voit quelquefois se
rappeler très nettement des faits fort anciens,
qui remontent à son enfance et auxquels il n'a-
vait peut-être jamais pensé pendant tout le cours
de son âge mûr. L'amnésie peut aussi être produite, à tous les âges, par une forte commo-
tion du crâne, par un trouble violent apporté
dans quelque autre partie de l'organisme ; et
alors elle affecte quelquefois des formes bien
étranges. Cuvier, dans ses cours, a raconté
qu'un homme avait perdu la mémoire des
substantifs, tandis qu'il se rappelait parfaitement les adjectifs, les verbes, etc. Un profes-

seur de l'Ecole de médecine de Bordeaux a
vu une jeune fille, nommée Félida, qui était
sujette à des accès névralgiques, pendant la
durée desquels elle se rappelait ce qu'elle
avait éprouvé dans ses accès précédents,
mais oubliait complètement ce qui lui était
arrivé quand elle se trouvait dans son état
normal ; puis, quand l'accès était passé, la
mémoire lui en revenait, mais elle perdait le
souvenir des faits arrivés pendant les crises.
Elle vivait en quelque sorte d'une double vie,
et chacune de ces vies était sujette à des in-
termittences réglées ; quand la vie morbide
commençait, la vie ordinaire était comme
rompue ; puis celle-ci revenait remplacer
l'autre pour quelque temps, et les bouts de
chacune se renouaient. Beaucoup de somnam-
bules présentent des phénomènes à peu près
semblables. Enfin il est peu de personnes à
qui il ne soit arrivé quelquefois d'observer
qu'un songe interrompu par un brusque réveil
reprend son cours et se continue quand le
songeur s'endort de nouveau.

Ces faits étranges, et bien d'autres qu'on
trouve exposés dans les livres de médecine et
de physiologie, présentent bien des points
obscurs ; mais ils se joignent à tous les faits

4

antérieurement cités pour démontrer l'existence distincte des idées ou des représentations à l'intérieur des êtres pensants, la mobilité de ces représentations, leur aptitude à se grouper entre elles selon leurs ressemblances, puis peu après la facilité avec laquelle elles se dispersent, pour se retirer dans des points écartés, où elles restent inaperçues, et pour reparaître ensuite tout à coup si elles sont mues par une attraction ou par une impulsion nouvelle. Si à toutes ces idées on ajoutait une âme simple, ayant autorité sur elles, loin de rendre plus facile l'explication des faits, cela ne servirait qu'à les compliquer sans résultat utile. Puisque cette âme serait maîtresse des idées, pourquoi n'exercerait-elle pas son autorité chaque fois que cela serait désirable ? Pourquoi permettrait-elle souvent que l'idée dont on aurait besoin se tînt cachée et ne vînt se présenter que lorsqu'il est trop tard et lorsqu'elle ne peut plus servir à rien ?

VIII

VOLONTÉ

Le nom *volonté* et le verbe *vouloir* sont loin d'avoir une signification constante. Quelquefois l'objet voulu est un acte qui doit être fait par une autre personne, comme lorsqu'on dit : Je veux que vous m'écoutiez ; et alors la volonté est un désir très prononcé qui, quand il est joint à la force ou à la puissance, s'exprime souvent sous la forme du commandement. Dans d'autres cas, l'objet voulu est un acte qu'on doit accomplir soi-même plus tard, comme lorsqu'on dit : Je veux voyager, je veux me corriger de mes défauts, il veut étudier la médecine ; et alors la volonté est encore un désir, mais un désir qui prend la forme d'un dessein arrêté, d'une résolution plus ou moins prononcée. Le désir, quand il n'est pas encore exprimé, est plutôt un sentiment vague qu'un acte, et ce sentiment consiste en certaines dispositions, certaines tendances du cerveau et de quelques idées ; si les tendances sont très fortes, elles se changent en une véritable passion, mais une passion cachée. Dès que le désir se précise et commence à prendre la forme d'un dessein bien arrêté, d'une résolution ou d'un commandement, il consiste à former de véritables jugements, des pensées déterminées, et ces jugements ou ces pensées ne sont au fond que des mouvements d'idées.

Mais la volonté qu'il s'agit en ce moment d'étudier doit être comprise d'une autre manière : ce n'est point un désir s'appliquant aux actes qui doivent être faits par d'autres personnes, ou aux actes qu'on fera soi-même plus tard, ce n'est point non plus un sentiment vague ni une passion cachée ; c'est une force présentement active, commençant elle-même un acte quelconque et lui imprimant ainsi le caractère d'acte volontaire. Cette volonté-là fonctionne chez l'enfant, avant même que l'organisme intérieur soit assez consistant pour que des idées bien nettes se forment ; il semble donc que le mécanisme de la volonté chez l'enfant aurait dû être étudié avant celui de la pensée. Mais l'enfant est plus difficile à observer que l'homme ; les impressions de l'enfant sont très peu distinctes et ne se manifestent au dehors que par des signes confus. Il a donc fallu commencer par observer ce qui se passe chez l'homme ; plus tard, on pourra revenir à l'enfant pour indiquer quelques-unes des différences qui doivent résulter du peu de consistance des organes.

La volonté active ou la volonté proprement dite, chez l'homme, n'est rien autre chose que l'action du cerveau produisant dans les muscles

des contractions qui seront suivies de rétractions, et qui mettront en mouvement certains
membres ou certains organes doués de la
puissance d'agir au dehors. Les contractions
et les rétractions des muscles forment ce
qu'on peut appeler la mise en train des actes
volontaires, et l'homme achève ensuite exté-
rieurement ces actes par ses mains, ses bras,
ses jambes, ses pieds, ses organes vocaux, etc.
Les mouvements musculaires qui mettent
l'acte en train sont si près de la volonté qu'on
les confond quelquefois avec elle, mais à tort;
un peu plus tard, les mouvements des mains,
des bras, des jambes, des pieds, des organes
vocaux ne sont pas non plus la volonté, ils
n'en sont que la conséquence ; mais il est
possible que l'action du cerveau sur les
muscles, qui est la volonté proprement dite,
se prolonge plus ou moins longtemps pendant que les muscles et les membres ou les
organes agissent.

La force du cerveau, quand elle est encore
inactive, réside en lui virtuellement sous
forme d'habitudes acquises, qu'on appelle
souvent passions, sentiments, et qui s'y sont
développées comme résultat de tous les faits
dont le cerveau a reçu l'impression directe

ou indirecte dans tout le cours de la vie. Ce résultat peut d'ailleurs avoir été facilité par certaines dispositions ou tendances transmises héréditairement à la matière même du cerveau. La force virtuelle du cerveau devient force active et volonté quand certaines idées, groupées ou non de manière à former des jugements, viennent joindre leurs forces propres à celle du cerveau; et celui-ci n'entre régulièrement en activité que lorsqu'il a reçu des idées l'excitation nécessaire.

Les plus petits faits dont le cerveau reçoit l'impression par les sensations, ceux même qui ne laissent aucune trace pour la mémoire, produisent leur effet pour développer dans cet organe des passions, des sentiments, des habitudes, ou pour fortifier, amoindrir, modifier des habitudes déjà formées. Si tel homme a la passion du jeu, cela résulte de ce qu'il a souvent vu d'autres hommes se livrer au jeu, de ce qu'il a souvent joué lui-même. La constitution physique de son cerveau, tel qu'il l'a reçu de son père et de sa mère, pouvait le disposer d'avance à recevoir de ces faits une vive impression; mais si les faits n'avaient pas eu lieu, si l'homme n'avait jamais joué ni vu jouer, il est certain qu'il n'aurait pas la passion du jeu : ce sont donc bien les faits qui ont développé cette passion. Si tel enfant montre plus que d'autres une affection tendre pour sa mère, on peut supposer que son cerveau contenait d'avance le germe de ce sentiment ; mais il n'en est pas moins vrai que la multitude innombrable des petits faits dans lesquels s'est manifesté le tendre amour de sa mère, et de ceux où il lui a lui-même témoigné combien il la chérissait, a été la véritable cause efficiente du sentiment qu'il éprouve. Si l'enfant avait été confié à une nourrice et si celle-ci l'avait changé contre un autre enfant, comme cela est arrivé plus d'une fois, il n'aurait aucune affection pour une mère qu'il ne connaîtrait pas ; et c'est une autre qu'il aimerait : celle précisément qui aurait joué le rôle de mère dans tous les petits faits dont il s'agit. Il commencerait par aimer la nourrice seule, parce qu'il ne connaîtrait qu'elle ; puis il s'attacherait à celle qui, après la nourrice, le traiterait comme son enfant ; et si plus tard le hasard le mettait en présence de sa vraie mère, il n'aurait pas plus d'affection pour elle que pour une étrangère.

Le cœur peut aussi jouer un rôle important dans certaines passions ; l'amour et la haine surtout semblent venir du cœur plus que du cerveau. Cependant il y a lieu de croire que les habitudes et les tendances propres à constituer ces deux sentiments commencent par s'établir dans le cerveau, d'où elles se propagent dans le cœur par une sorte de correspondance sympathique.

Avant que le cerveau agisse sur les muscles, il arrive souvent que les idées font les mouvements nécessaires pour marquer un désir particulier, un dessein ou une résolution bien arrêtée, et c'est précisément pour cela que le désir, le dessein et la résolution sont souvent désignés par le même nom que la volonté. Mais dans ces actes qui, comme on l'a vu, sont de véritables jugements, l'idée de la chose désirée, projetée ou résolue, joue nécessairement son rôle, tandis que la volonté proprement dite peut exister sans que l'idée de la chose voulue soit formellement mise en jeu : un assassinat peut être qualifié de volontaire, quoique l'assassin n'ait pas formé nettement la pensée qu'il allait tuer un homme. Cependant il n'aurait pas tué si le mouvement de ses idées n'avait pas formé en lui quelque autre pensée capable de produire sur le cerveau l'excitation nécessaire pour porter cet organe à transformer en acte la force qu'il ne possède que virtuellement. Mais quand la force virtuelle du cerveau est énergique, quand déjà elle a été plusieurs fois transformée en acte, une excitation faible peut suffire, et cette faible excitation peut être produite par des pensées qui n'ont avec l'acte extérieur qu'un rapport assez éloigné, assez indécis. Quand l'excitation est donnée par les idées mêmes qui forment un dessein senti ou une résolution bien caractérisée, l'acte est plus que volontaire, il est prémédité.

Avant de terminer ce chapitre de la volonté, nous devons revenir en arrière pour essayer de découvrir comment doivent se faire les premiers actes de volonté proprement dite chez les tout jeunes enfants. Il est probable que les premières sensations de l'enfant ne produisaient que des empreintes cérébrales très confuses, et que l'activité de ces empreintes était trop faible, trop sourde, pour qu'elles pussent se détacher du cerveau et former des idées. Ces empreintes confuses restaient donc fixées au cerveau et joignaient leur faible pouvoir au pouvoir faible aussi de cet organe, pour que leur action commune parvînt à mettre en train les actes qui devaient s'achever au dehors. Ces actes, selon toute apparence, étaient peu variés et avaient pour but spécial d'entretenir la vie; le premier de tous fut probablement le mouvement par lequel l'enfant porta sa bouche sur le sein de sa mère pour teter; c'étaient des actes qu'on pourrait comparer à ceux qu'on appelle ordinairement instinctifs. Peu à peu, à mesure que l'organisme de l'enfant prenait de la consistance, les sensations ont été plus nettes, et elles ont bientôt commencé à amener la formation de quelques idées détachées du cerveau. Dès lors, pour que le cerveau pût faire certains actes de volonté, il est devenu nécessaire qu'il y fût excité par un mouvement d'idées. Tous ces changements se sont faits successivement, d'une manière presque insensible, jusqu'à ce que l'être vivant fût arrivé à son complet développement. Il n'est pas impossible, d'ailleurs, que, dans certains cas exceptionnels, très difficiles à préciser, les choses se passent encore chez l'adulte comme chez l'enfant : certaines empreintes peuvent rester fixées au cerveau jusqu'à ce qu'elles produisent l'excitation nécessaire pour que cet organe mette en train certains actes qu'on peut encore appeler volontaires; aucune idée proprement dite ne prend part à cette excitation, mais dans ce cas les empreintes peuvent être considérées comme des idées en voie de formation.

IX

RAISON

La raison est ordinairement considérée comme la plus noble faculté de l'homme, celle qui le distingue de la bête et qui fait de lui le chef-d'œuvre de la création. Les libres penseurs eux-mêmes paraissent croire que, chez l'homme, cette faculté est le reflet d'une raison universelle extérieure, qui est la vérité même transformée en soleil lumineux, et ils font de cette vérité-soleil une espèce de divinité nouvelle, dont ils défendent les autels avec un zèle qui va quelquefois jusqu'au fanatisme. Quand ils affirment quelque chose au nom de cette raison divinisée, il faut que tout le monde se prosterne et adore ; celui qui ose douter est traité par eux d'ennemi des lumières et de la vérité. Ne nous laissons point éblouir par ces reflets, par cette vérité-soleil, qui réside on ne sait dans quel ciel, et qui ressemble surtout à une divinité en ce qu'elle est et sera toujours invisible. Cherchons seulement à bien distinguer ce qu'on appelle raison dans chaque homme en particulier, et soyons persuadés d'avance que, si toutes les raisons individuelles ont entre elles quelques points de ressemblance, il serait aussi impossible de trouver deux raisons humaines parfaitement concordantes qu'il l'est de trouver deux feuilles d'arbre tout à fait égales.

La raison, chez chacun de nous, est d'abord l'ensemble des facultés au moyen desquelles se forment en nous des sensations, des idées, des jugements ou pensées particulières, des souvenirs, des volontés : tel est le sens le plus étendu et le plus complet du mot *raison*. S'il pouvait exister un homme privé de toutes ces facultés, ce serait un être complètement idiot, c'est-à-dire complètement privé de raison. Mais le mot *raison* est souvent pris dans un sens plus spécial, et alors il ne désigne plus que la faculté unique de juger, employée à discerner si les choses sont vraies ou fausses, sages ou folles, moralement bonnes ou mauvaises, utiles ou nuisibles, raisonnables ou déraisonnables, c'est-à-dire dignes d'approbation ou de blâme.

Nous allons faire emploi de notre raison, dans ce sens restreint, pour passer en revue tout ce qui a été dit jusqu'ici sur le mécanisme de la pensée : ce sera comme une opération de contrôle, où chaque détail sera surtout examiné au point de vue de la vérité ou de l'erreur ; et dans ce moment nous entendons le mot *vérité* comme tout le monde l'entend, nous réservant d'en mieux déterminer le sens exact un peu plus loin.

Les sensations, que nous rencontrons les premières dans cette opération de contrôle, sont généralement vraies ; et comme elles sont ordinairement provoquées par des choses existant hors de nous, si quelques indices nous font craindre qu'il n'y ait erreur ou que quelques détails faux ne se soient mêlés à la vérité, nous pouvons aller vers les choses pour recommencer à les observer : de nouvelles sensations viennent alors confirmer ou rectifier les précédentes. De tous nos moyens de connaître, la sensation est certainement celui qui nous trompe le moins, surtout quand la vue et le toucher se prêtent un mutuel appui, se confirment et se complètent l'un l'autre.

Les idées qui naissent à la suite des sensations, et qui représentent des choses entières, sont presque toujours aussi vraies que les sensations. Les idées abstraites, quand l'abstraction est facile et simple, sont vraies aussi; cependant elles ont le défaut de représenter à part ce qui, dans la nature, ne possède qu'une existence mêlée à une autre existence. Mais peut-on réellement dire avec pleine vérité que les idées, quand elles sont exactes, doivent être considérées comme étant les choses mêmes intériorisées? Il semble qu'il doit y avoir ici un peu d'exagération; l'identité entre les choses et les idées ne peut pas être pleine et entière, puisque le qualificatif *intériorisées*, ajouté au mot *choses*, suffirait seul pour indiquer une différence, assez légère toutefois, puisqu'elle se rapporte uniquement au lieu occupé. Quoi qu'il en soit, on ne peut nier que, pour ce qui regarde la production des pensées, les idées agissent très souvent comme si elles étaient identiques aux choses: c'est une vérité de fait, que l'expérience confirme tous les jours. Et d'ailleurs, ce n'est pas seulement à l'intérieur des êtres pensants qu'on rencontre des corpuscules, des *je ne sais quoi*, invisibles pour nous, qui remplacent les choses visibles, et les remplacent si bien qu'il paraît en résulter une sorte d'identité

mystérieuse. Quand le chien reconnaît par
le flair le lieu où son maître a passé, ou la
voie qu'a suivie un cerf, un lièvre, un lapin,
il retrouve dans l'air ou dans la voie quelque
chose qui doit être identique à une partie du
corps de son maître ou de l'animal poursuivi,
puisque l'odeur qui s'en exhale est exactement la même. Quand le pigeon voyageur,
qu'on a transporté fort loin, s'élève dans les
couches supérieures de l'air pour se reconnaître, il se met d'abord à tournoyer, cher-
chant quelque chose de tous côtés, et bientôt
il parvient à distinguer dans une certaine di-
rection, soit par la vue seule, soit par la vue
et l'odorat réunis, ou par un autre sens qui
nous est inconnu, quelque chose qui lui fait
reconnaître le chemin suivi en sens contraire
par lui-même et par ceux qui l'ont apporté de loin. Ce quelque chose qu'il distingue
doit nécessairement être identique à ce qui
sortait de lui-même peu de temps auparavant,
et il faut que cela se trouve soit dans l'air, soit
sur la terre, sur les arbres, sur les plantes du
chemin. On en peut dire autant de l'hirondelle
qui sait, au printemps, retrouver le lieu d'où
elle est partie à la fin de l'automne, comme
aussi de l'abeille et de la fourmi qui re-

trouvent le chemin de la ruche ou de la four-
milière, etc.

La graine que l'homme jette aujourd'hui
dans la terre contient tout ce qu'il faut pour
produire la plante tout entière, et chaque
partie de la graine correspond, est en un certain sens identique à une des parties qui se
développeront dans cette plante. Si la plante
doit, quand la saison sera venue, produire
une feuille, une branche, un fruit d'une
forme bizarre, il y a aujourd'hui dans la
graine des parties d'une petitesse extrême,
qui représentent d'avance cette feuille, cette
branche, ce fruit; et cette représentation n'est
au fond qu'une des formes de l'identité.

Si, malgré tout ce qui vient d'être dit, on
hésitait encore à reconnaître qu'à un certain
point de vue les empreintes cérébrales et les
idées peuvent être les choses mêmes intériorisées, cette hésitation cédera peut-être devant
une dernière remarque qu'il nous reste à faire.
Nous dirons donc à ceux qui hésitent : Ce qui
vous empêche d'admettre l'intériorisation, la
pénétration des choses dans l'homme, c'est
peut-être que cela vous paraît un pur para-
doxe, une doctrine en l'air, n'ayant aucun
appui dans les doctrines du passé: hé bien,

détrompez-vous; il y a longtemps que les panthéistes d'Allemagne ont affirmé cette pénétration des choses; et ils ne se sont pas contentés de proposer timidement une intériorisation, une pénétration plus ou moins approchée, se réalisant seulement dans l'homme; ils ont proclamé hautement une intériorisation réelle, complète, générale, s'étendant à tout ce qui est vivant : « Dieu, « disent-ils, semble ne pas se connaître du tout « dans les corps bruts; il se connaît très peu « dans la plante, un peu plus dans l'animal, « plus encore dans l'homme inculte ou sauvage, « plus dans l'homme civilisé que dans le sau- « vage, plus enfin dans l'homme de génie que « dans tout autre. » Or, tout le monde sait que Dieu, pour les panthéistes, c'est tout, c'est l'ensemble des êtres et des choses, mais des choses prises dans ce qu'elles ont de plus réel, de plus substantiel, puisque les panthéistes n'admettent qu'une substance unique, qui est Dieu.

Ce qu'il y a d'obscur dans l'identité des idées et des choses tient peut-être à ce que cette identité n'est pas réciproque. Nos idées sont identiques aux choses; mais les choses ne sont pas identiques à nos idées, ou du moins cela ne se dit pas, parce que les choses sont tout à fait indépendantes des idées. Quoi qu'il en soit, ceux qui refuseront absolument de reconnaître qu'à un point de vue quelconque, les idées puissent être identiques aux choses du dehors, sont parfaitement libres de garder leur opinion; mais au moins ils diront avec nous que les idées *représentent* les choses, et que les tendances développées dans les idées *représentent* les propriétés des choses : il n'en faut pas davantage pour qu'avec quelques changements assez simples dans les termes, tous les détails importants du système puissent être conservés.

Les idées qui, ayant commencé par être particulières, ont pris un aspect plus ou moins général, ne représentent pas les choses exactement comme elles sont, puisqu'il n'existe dans la nature que des choses particulières. Dans beaucoup de cas, l'aspect général sous lequel se présentent les choses peut n'entraîner aucune erreur; mais néanmoins on peut toujours craindre que l'aspect général ne se présente quand ce serait l'aspect particulier qui manifesterait le mieux la vérité.

Quant aux idées métaphysiques, si elles ne sont ainsi nommées que parce qu'elles sont très générales, très difficiles à contrôler par l'observation précise, elles peuvent contenir une part plus ou moins grande de vérité, mêlée à une part d'erreur. Lorsqu'il s'agit d'idées métaphysiques dans toute la rigueur du mot, représentant des choses ou des êtres qu'on suppose exister tout à fait en.dehors de la nature sensible, il est bien plus difficile encore de démêler si' elles sont vraies, ou mêlées de vrai et de faux, ou tout à fait fausses. La formation de ces idées n'a lieu que lorsque la faculté de juger s'exerce sous l'empire de certains jugements prédominants qui la transforment en faculté d'imaginer, comme on l'a vu au chapitre VI.

La mémoire nous trompe quelquefois en ce qu'elle donne trop de force et d'éclat à certaines images qu'elle rappelle. Cette vivacité excessive de la mémoire peut résulter de ce qu'il y a quelque chose d'irrégulier dans la manière dont une certaine idée, qui était inerte, non sentie, oubliée, revient se mettre en contact ou en rapport avec une fibre nervale. Quand tout se passe selon la règle, l'idée qui sort de son inertie ne se met pas en contact avec la partie du nerf qui touche au cerveau, et qui est le point d'où partent les vi-

brations réflexes dans les sensations ; elle se
met en contact avec le milieu du nerf ou avec
un point plus ou moins rapproché du milieu.
Mais il arrive quelquefois, par une cause ex-
ceptionnelle qui peut être une disposition
morbide des nerfs, que l'idée vient frapper
le nerf à l'endroit même où il s'implante dans
le cerveau, ou plus près de cet endroit que
cela ne doit se faire : alors l'impression res-
sentie est beaucoup plus vive qu'elle ne devrait l'être, elle peut être quelquefois aussi
vive qu'une véritable sensation, plus vive
même s'il y a maladie bien caractérisée du
nerf. Supposons que l'idée dont il s'agit
soit l'image ou la représentation d'une personne qui est morte récemment, ou même depuis longtemps : la vivacité de l'impression
pourra être telle que l'homme chez qui se
produit le phénomène sera convaincu que la
personne morte est revenue de l'autre monde
et qu'elle est réellement devant ses yeux.
On dira dans ce cas que cette hallucination
qu'il éprouve vient de son imagination surex-
citée, on ne dira pas qu'elle vient de sa mémoire. Ainsi, le mot *imagination*, outre l'ap-
plication qu'on en a déjà faite, sert quelquefois
à désigner certaines exagérations, presque

toujours maladives, qui se rencontrent dans l'exercice de la mémoire. Ces exagérations sont fréquentes dans les songes, et ce qu'on croit voir en rêve produit souvent, chez les personnes nerveuses, des impressions tellement vives, que le dormeur se réveille et conserve encore quelque temps l'illusion de son rêve après qu'il a cessé de dormir.

Il ne nous reste plus qu'à soumettre la faculté de juger elle-même à son propre contrôle, c'est-à-dire qu'il nous reste à reprendre les détails relatifs à cette faculté, pour les examiner au point de vue de la vérité; mais nous allons d'abord chercher quel est le vrai sens de ce mot *vérité*.

Si l'homme n'existait pas, ou, plus généralement, s'il n'existait nulle part des êtres chez qui la pensée pût se produire, rien ne serait vrai ni faux, les mots *vérité, erreur* n'auraient pas de sens. Il y aurait des êtres, des choses, des réalités, voilà tout. Mais dès que ces réalités produisent chez certains êtres des images ou des représentations, celles-ci peuvent représenter les choses telles qu'elles sont ou autrement qu'elles ne sont; c'est-à-dire qu'elles peuvent être vraies ou fausses. Et ce n'est pas seulement dans l'homme qu'on trouve alors la vérité ou la fausseté ; car l'homme peut créer hors de lui des représentations de ses représentations, et si elles sont ressemblantes ou dissemblables, voilà la vérité ou l'erreur installée dans le monde extérieur. Les inscriptions gravées sur la pierre ou sur le bronze, les descriptions ou les récits insérés dans les manuscrits, dans les livres, ne font que figurer hors de l'homme les pensées qui s'étaient formées en lui ; et ces inscriptions, ces récits, ces descriptions sont nécessairement vrais ou faux. Mais c'est l'homme qui les a produits ; sans l'homme, ils n'existeraient pas, nulle part on ne pourrait trouver ni vérité ni erreur.

L'homme qui fait un jugement peut-il être assuré que ce qu'il juge est vrai ? Il résulte du mécanisme même d'après lequel se forment nos jugements que notre assurance à cet égard vient uniquement de ce que nos idées doivent être les choses mêmes intériorisées. Si notre organisme était parfait, l'identité des choses et de nos idées serait entière, et le langage des choses en nous serait toujours la représentation fidèle des faits qui arrivent au dehors ; mais nous ne pouvons jamais connaître avec certitude jusqu'à quel point notre organisme intérieur est régulièrement constitué.

Les spiritualistes cherchent ailleurs les signes qui peuvent nous donner la certitude que nos jugements sont vrais. Ils affirment que Dieu, en créant l'âme immatérielle, lui a donné trois principes absolument certains, et que tout ce qui s'appuie sur l'un de ces principes est certain comme le principe lui-même. Il y a d'abord le principe d'identité, d'après lequel ce qu'on affirme d'une chose peut toujours être affirmé des choses de même nature. Il y a ensuite le principe de contradiction, d'après lequel ce qu'on affirme d'une chose doit être nié de toute chose de nature opposée. Il y a enfin le principe de causalité ou de la raison suffisante. Mais on n'a jamais pu expliquer comment ces prétendus principes peuvent exister dans une âme simple et immatérielle, et lors même que cette âme porterait ces principes réellement gravés en elle, on ne voit pas à quoi ils pourraient servir; car il faudrait d'autres principes pour reconnaître si les choses sont identiques ou contraires, et si une raison ou une cause qu'on aperçoit est ou non suffisante.

Existe-t-il un moyen assuré de vérifier ce qui nous est attesté par les discours de nos semblables, par les livres, par les inscriptions? Les livres d'histoire et les inscriptions ne nous parlent guère que de faits passés, qui ne peuvent pas redevenir présents. Aucune vérification *de visu* n'est possible pour les faits passés, parce que nous ne pouvons jamais retourner en arrière dans le cours du temps. Aller en avant plus vite que le temps serait impossible aussi ; mais nous allons réellement tous les jours en avant, avec la vitesse même du temps, et nous pouvons, sans absurdité, entretenir l'espoir que, nous ou nos descendants, nous verrons dans l'avenir se réaliser certaines choses. Il n'y a donc pour nous qu'une seule manière de vérifier *de visu* les faits passés : c'est de voir dans l'avenir si on les racontera encore comme on les raconte aujourd'hui, et avec la même confiance. L'absence de tout changement, soit dans la forme du récit, soit dans la foi, sera une marque de vérité aussi probante que possible ; s'il y a changement, c'est qu'on aura reconnu des erreurs. Est-il vrai que Jésus est ressuscité le troisième jour après sa mort? C'est là un fait qui ne peut être vérifié *de visu* d'une manière directe, parce qu'il appartient au passé. Mais on peut demander : dans un avenir plus ou moins éloigné, croira-t-on encore à la résurrection de Jésus? Et pour trouver dès maintenant la réponse la plus probable à cette question, on peut signaler les contradictions que renferment les récits des quatre évangélistes, montrer combien le fait même de la résurrection paraît contraire aux lois de la nature, etc., etc. Quant à la vérification proprement dite, elle sera faite *de visu* par nos descendants, qui constateront si la résurrection sera encore racontée de leur temps comme elle l'est dans le nôtre, et si la foi sera aussi forte. Les contradictions des Évangiles, le caractère miraculeux ou surnaturel du fait suffisent aux libres penseurs pour les porter à déclarer hautement la résurrection impossible, et fausse la religion qui en fait un de ses dogmes : mais quand ils auront lu ce que nous dirons bientôt des avocats qui échangent leurs clients, des publicistes qui passent de la rédaction d'un journal à un autre journal, ils comprendront qu'il leur serait facile de se réfuter eux-mêmes, s'ils le voulaient, et de se démontrer à eux-mêmes la possibilité des miracles, la vérité de la religion.

Si chez un homme quelconque certaines circonstances, qui ne peuvent guère être précisées, mettaient à l'écart tous les produits

intérieurs dont, pour les causes qui viennent
d'être indiquées, l'exactitude est douteuse,
et si les mêmes circonstances ne laissaient en
pleine activité que les idées d'objets existant
distinctement dans la nature, avec quelques
abstractions représentant les particularités
les plus apparentes dans ces objets, cela di-
minuerait beaucoup les chances d'erreur dans
le jeu des idées, qui est l'essence même de la
raison considérée comme faculté spéciale de
juger. Mais, dans ce cas, la raison change de
nom ordinairement, et on l'appelle bon sens,
droite raison, sens commun. Pourquoi l'habitude de juger d'après les apparences clairement visibles des choses, sans permettre aux
idées métaphysiques, ou à celles qui résultent
d'abstractions trop forcées ou trop subtiles,
de troubler le jeu des autres idées, reçoit-elle
ainsi des dénominations qui semblent lui at-
tribuer une sorte de supériorité sur les autres
manières de juger? C'est parce qu'on a reconnu
par expérience qu'en jugeant simplement,
rondement, sans prétendre creuser trop pro-
fondément sous les apparences naturelles des
choses, ni s'élever trop au-dessus des choses
mêmes, on évite presque toutes les causes
qui pourraient nous éloigner de la vérité ou

nous la faire méconnaître. Mais si le bon sens
se trompe rarement, il n'est pourtant pas in-
faillible. La preuve de sa faillibilité résulte
de ce fait bien connu que, dans les choses
mêmes de la vie commune, où les idées métaphysiques et les abstractions forcées n'ont
presque jamais aucun rôle à jouer, on voit encore trop souvent les hommes se contredire
dans leurs jugements.

Quand deux hommes discutent entre eux
sur des points qui touchent à la morale, à la
religion, à la philosophie, à la politique, on
remarque que, par la discussion même, l'un
des discuteurs oblige l'autre à grouper passa-
gèrement ses idées comme il groupe lui-même
les siennes, ne fût-ce que pour comprendre
les paroles prononcées : mais cet accord dans
le groupement des idées ne dure guère ; bientôt les idées, rendues à elles-mêmes, recom-
mencent à se grouper d'après leurs propres
tendances, que le langage de l'adversaire
n'avait un moment comprimées que pour
provoquer des mouvements de réaction presque inévitables. On voit pourtant quelquefois
certains changements s'opérer dans les opinions; mais cela est rare, et le changement
s'opère petit à petit, avec beaucoup de temps,

par des causes où la discussion n'a jamais une forte part. Entre deux hommes qui défendent par le raisonnement seul des opinions contraires, on ne voit presque jamais l'un d'eux se laisser convaincre par les arguments qu'on lui oppose; à moins que ces arguments ne soient appuyés sur des faits patents, actuellement vérifiables; ou mieux encore, à moins que les passions individuelles ne puissent trouver quelque satisfaction dans les résultats que font prévoir ces arguments.

Mais l'opinion qui, à un moment donné, prévaut dans les pensées habituelles d'un homme, ne l'empêche pas de trouver en lui, au besoin, des arguments propres à défendre l'opinion contraire; parce que son magasin d'idées en contient de toutes sortes, animées de tendances très diverses et fournissant, sur les questions générales, le moyen de parler pour ou contre, selon que les circonstances peuvent le porter à le faire. Un fait bien connu de tout le monde prouve cela jusqu'à l'évidence. Dans tout procès il y a deux parties, qui prétendent l'une et l'autre avoir pour elles le bon droit, quoique leurs conclusions soient contraires; et jamais on ne voit l'une des parties réduite à l'impuissance de trouver

un avocat. Les deux avocats qui plaident
dans une affaire auraient soutenu exactement
le contraire de ce qu'ils soutiennent aujour-
d'hui, s'il s'était fait entre eux un échange de
clients, et ils auraient montré la même habileté à découvrir et à faire valoir des moyens
de défense. La même versatilité d'opinions et
de raisonnements à l'appui se trouve chez beaucoup d'écrivains : tel d'entre eux qui jusqu'ici
a fait preuve de talent en défendant les opinions libérales dans un journal républicain,
s'il est forcé de quitter la rédaction de ce
journal, et s'il ne peut trouver à placer ses
articles que dans un journal monarchiste,
montrera tout autant de talent quand la couleur de ses articles sera complètement chan-
gée. Il en est sans doute quelques-uns qui
aimeraient mieux cesser d'écrire que de donner un tel exemple d'inconstance et de véna-
lité. Mais que les plus fermes s'interrogent
sérieusement, et ils sentiront que, s'ils pouvaient s'affranchir du scrupule honorable qui
les retient, ils ne seraient nullement embar-
rassés pour réfuter dans un journal les arguments qu'ils développent tous les jours dans
un autre.

Que faut-il conclure de cette impuissance

de la raison (faculté de distinguer le vrai du faux) à donner, sur les questions du plus haut intérêt, des solutions qu'elle-même ne puisse pas démentir ensuite par des solutions différentes, quelquefois chez le même être pensant et à quelques jours ou même quelques heures de distance? Une seule chose : c'est que, en dehors du témoignage direct, actuel ou très peu éloigné, et bien constaté, des sens, nous ne devons jamais nous croire en possession d'une certitude absolue; et nous ferions preuve d'une présomption ridicule si nous nous montrions intolérants, ou si nous ressentions une irritation sourde contre ceux qui ne pensent pas comme nous. L'homme sage doit certainement se laisser conduire par sa raison plutôt que par les préjugés, par la routine, par une soumission aveugle à certains enseignements autoritaires, ou par l'entraînement des passions; mais cela même a besoin d'être expliqué; car les préjugés, la routine, les enseignements reçus, les passions ont un rôle forcé dans le jeu même des idées; il faut entendre par là simplement qu'il est sage de ne point céder trop vite à une première impression, qu'il faut laisser à toutes les connaissances, à tous les sentiments le temps d'entrer en balance les uns avec les autres, pour que cela amène une détermination mieux pondérée, mieux en rapport avec l'ensemble des connaissances acquises.

L'homme se flatte souvent de posséder dans sa raison un titre de noblesse qui l'égale presque à Dieu, ou au moins qui lui donne le droit de dire que Dieu l'a créé à son image; et il entend alors par Dieu un Être infini, éternel, tout-puissant, personnel, créateur de l'univers. Mais s'il était bien démontré qu'un tel Être existe, l'homme n'aurait nullement le droit de penser qu'il lui ressemble par sa raison : la raison divine, loin de ressembler à la raison humaine, serait d'une nature tout opposée ; et si l'homme ressemblait à un Dieu, ce ne pourrait être qu'à un Dieu retourné. En effet, chez l'homme les idées n'existent qu'après les choses, et elles viennent des choses ; chez Dieu, au contraire, elles devraient exister avant les choses. Quand on voit l'homme posséder certaines idées, on sait que cela provient de ce que certaines choses se sont présentées à lui plutôt que telles autres choses ; mais il nous est impossible de faire la moindre conjecture sur les causes qui auraient pu déterminer Dieu à former en lui telles idées plutôt que mille autres également possibles. Car on n'osera pas prétendre que Dieu agit au hasard, sans motifs ; et si l'on soutenait que Dieu a pour unique motif sa propre volonté, nous dirions encore que cette volonté même devrait avoir sa cause, et il serait tout aussi difficile de la découvrir. Dieu a eu la volonté de donner à chaque animal un instinct particulier, et quelques-uns de ces instincts nous paraissent merveilleux : certaines araignées, par exemple, pour la confection de leurs toiles, se montrent si habiles qu'on serait tenté de croire que l'instinct qui leur a été donné renferme la connaissance parfaite de plusieurs théorèmes difficiles se rattachant à la géométrie, à la mécanique, à la chimie. Au premier abord, cela excite notre admiration, tant il nous paraît surprenant qu'il puisse y avoir quelque chose de commun entre l'araignée et les savants qu'on appelle géomètres, mécaniciens, chimistes. Mais ensuite nous ne pouvons nous empêcher de trouver quelque chose de choquant dans ce fait, que Dieu ait jugé convenable de donner l'équivalent de telles connaissances à des êtres aussi laids, aussi dégoûtants, aussi inutiles pour nous et aussi funestes pour les mouches. Celles-ci ne nous intéressent guère, à la vérité; mais elles valent bien les araignées, et pourquoi ne nous mettrions-nous pas du côté des faibles quand les faibles sont si durement traités? On va sans doute nous arrêter ici pour nous rappeler au respect : Dieu n'a pas de comptes à vous rendre, va-t-on nous dire ; et d'ailleurs vous avez la vue trop courte pour qu'il vous soit permis d'affirmer l'inutilité des araignées. Mais nous répliquerons que, si l'on nous trouve bons pour admirer, on doit également nous trouver bons pour critiquer. Si nous avons la vue trop courte pour apercevoir l'utilité des araignées, nous l'avons trop courte aussi pour être sûrs que ce qui nous paraît admirable est réellement digne d'être admiré.

X

AME

On a vu que tout le mécanisme de la pensée se développe et fonctionne sans qu'on y fasse intervenir l'âme, comme la conçoivent les spiritualistes. Mais le mot *âme* est si souvent employé, même dans le langage le plus familier, qu'on ne peut se dispenser de lui

assigner une signification propre : seulement,
il faut lui faire signifier quelque chose qui
n'ait pas de rôle spécial à jouer dans la production de la pensée. Or, nous savons qu'il
existe dans chaque homme un grand nombre
d'idées qui vivent, s'agitent, se groupent, se
séparent; nous savons aussi que ces idées
peuvent être considérées comme étant les
choses mêmes intériorisées. Ces choses intériorisées ou ces idées forment dans chaque
homme un ensemble, un total qui devient
quelquefois très considérable, et rien n'empêche d'appeler âme ce total d'idées, pourvu
toutefois qu'il y en ait assez pour rendre
l'homme capable de se perfectionner par les
instructions qu'il recevra de ses semblables.
Cette âme se confondrait avec ce que les anciens appelaient un microcosme (1) ou monde
en petit; elle comprend même plus que le
microcosme, car, outre les choses et les faits
réels qui peuplent et animent le monde natu-
rel, et qui se sont intériorisés, elle contient,

----

(1) On donne quelquefois un autre sens au mot *microcosme;* on lui fait signifier l'ensemble des êtres tellement
petits qu'on ne peut les voir qu'à l'aide du microscope. Alors
on appelle *macrocosme* l'ensemble des corps célestes ob-
servés à l'aide du télescope ; et le monde dans son ensemble
général est le *cosmos* ou l'univers, ou encore la nature.

toujours par représentation, beaucoup d'êtres et de faits supposés, qui peuvent manquer de réalité extérieure. Mais il ne faut jamais oublier que cette âme, qui est un total, n'agit point comme total; elle ne se montre vivante que par l'activité particulière de chaque idée. Il ne faut pas oublier non plus que, si l'âme est un monde en petit, le monde n'est pas l'âme, et il n'y a ici qu'une identité sans réciprocité, comme entre les idées et les choses.

L'âme n'existe pas encore chez l'enfant qui naît; cet enfant n'apporte que les instruments et les matériaux propres à la construire : un cerveau encore informe, des nerfs ou fibres sensibles, et les organes externes des sens. La substance de ce jeune cerveau, dès qu'elle a acquis quelque consistance, reçoit successivement beaucoup d'empreintes qui, après avoir produit des sensations, se détachent et deviennent des idées. La première parcelle, ou molécule portant empreinte, qui se détache ainsi, est le premier élément constituant du total d'idées qui deviendra une âme s'il s'accroît suffisamment, et si les idées deviennent distinctes par les différences mêmes qui les mettent en opposition les unes avec les autres.

Nous affirmons que l'enfant qui naît n'apporte point d'âme toute formée ; mais les théologiens et les spiritualistes affirment le contraire, et ils sont presque assurés d'être écoutés avec plus de faveur que nous, par deux raisons : 1° depuis une longue suite de siècles, les masses humaines sont accoutumées à courber la tête sous leurs enseignements ; 2° ils ont eu l'art de persuader à presque tous les hommes que l'honneur de chacun est intéressé à ce que, dès l'origine, il ait possédé une âme d'une nature plus noble que son corps. Il faudrait donc que nous pussions opposer aux spiritualistes quelque preuve sensible, montrant clairement la *non-existence* de l'âme chez l'enfant qui vient au monde. Hé bien, nous l'avons, cette preuve, nous pouvons la faire voir dans un fait très frappant, qui a eu lieu bien des fois, qui se réalise probablement encore en ce moment même. Mais pour être réellement témoin de ce fait, il faudrait se transporter au fond des forêts les plus impénétrables ou dans les déserts les moins accessibles. Transportons-nous-y par imagination : nous trouverons quelque part un enfant qui aura été abandonné dès les premiers jours de sa vie. Il n'y avait ni hommes ni femmes dans cette partie de la forêt ou

dans ce désert ; l'enfant aura été nourri d'a-
bord par une chèvre ou par quelque autre fe-
melle d'animal ; devenu plus fort, il aura
vécu de glands, de fruits et de racines ; puis,
comme un autre Robinson, il sera parvenu à
saisir de petits animaux, qu'il aura d'abord
mangés crus ; enfin il aura découvert, par hasard peut-être, le moyen d'allumer du feu et
de faire cuire le produit de sa chasse. Supposons que nous rencontrons le jeune sauvage
à l'âge de quinze ans : nous avons d'abord
quelque peine à l'apprivoiser, mais enfin il
consent à nous suivre. Nous lui apprenons à
parler un langage très grossier d'abord, et
alors nous acquérons la certitude qu'il n'y a
en lui rien qui ressemble, même de loin, à
l'âme des spiritualistes, à cette substance de
nature supérieure qui doit porter en elle le
germe des prétendus principes dont elle se
servira pour s'élever peu à peu aux connaissances les plus sublimes. Ce n'est là, sans
doute, qu'une supposition ; mais réfléchissez-y
bien, et vous sentirez que cette supposition a
la même force pour convaincre qu'aurait le
fait lui-même ; parce que de nombreux récits
qu'on a lus ou entendus, et sur la vérité desquels on n'a aucun doute, font comprendre

6

que la supposition a dû se réaliser bien des fois et dans beaucoup de lieux différents.

Si, d'ailleurs, on refusait absolument d'accepter cette supposition comme ayant la force d'un fait, nous citerions alors d'autres faits, positifs et actuels cette fois, mais auxquels nous avons d'abord préféré celui de l'enfant abandonné, parce qu'il paraissait plus propre à étonner et à frapper l'imagination des lecteurs. Vous savez que certains enfants viennent au monde privés du sens de l'ouïe, et que ces enfants restent muets, parce qu'il est impossible de leur apprendre à parler. Dans les pays où la civilisation est très avancée, comme en France, on a trouvé des moyens pour remplacer imparfaitement la parole ; et nos sourds-muets, quand on peut les faire admettre dans les écoles spéciales, reçoivent une instruction qui supplée en partie aux facultés que leur a refusées la nature. Mais quand les enfants nés sourds appartiennent à des familles pauvres, dénuées de puissants protecteurs, ils restent souvent condamnés à passer toute leur vie dans un état misérable qui les fait plutôt ressembler à des animaux qu'à des hommes. Observez attentivement ces sourds-muets sans instruction, observez-les quand ils sont arrivés à l'âge d'hommes : vous verrez qu'ils n'ont pas plus d'âme que n'en avait le jeune sauvage abandonné dans la forêt ou au fond d'un désert : on n'a jamais vu un de ces sourds-muets fonder une science ou une religion, faire un usage quelconque de ces fameux principes qui doivent être innés, qui sont le signe caractéristique d'une âme immatérielle et transcendante.

Mais il est arrivé quelquefois qu'un chirurgien habile est parvenu, par une opération hardie et heureuse, à guérir un de ces sourds et à lui rendre l'ouïe; puis, quelque temps après, on a vu avec surprise que l'homme qui n'avait pas d'âme en a une. Et comment est-on parvenu à lui donner une âme? A-t-on surpris à Dieu le secret de sa puissance créatrice? A-t-on pu, comme le fait Dieu, donner à cette âme, en la créant, ces fameux principes qui sont, nous dit-on, la base des vérités les plus sublimes? Non. Mais on a appris au sourd-muet à parler, et dès qu'il a pu parler et entendre ceux qui parlent, on a provoqué en lui la naissance d'une multitude d'idées que la vue, le toucher, l'odorat et le goût, sans le secours de l'ouïe, n'avaient pu former. Voilà tout ce qu'on a fait, et il se trouve qu'on a donné une âme à celui qui n'en avait pas ; l'abondance des idées a suffi pour produire en lui tous les effets que les spiritualistes attribuent à leurs principes innés. Est-ce que cela ne montre pas clairement que l'âme de chaque homme se confond avec le total ou l'ensemble de ses idées ? N'est-ce pas là une preuve tout à fait positive, on pourrait presque dire matérielle ?

Si quelqu'un demandait qu'on lui dressât une liste détaillée de toutes les idées qui se forment dans les êtres pensants et qui deviennent les éléments constituants des âmes, on serait d'abord tenté de dire qu'un tel travail est impossible. Mais on se tromperait beaucoup. Ce qui serait vraiment impossible, ce serait de dresser la liste de toutes les *pensées* possibles ; mais la liste des *idées* a été dressée depuis longtemps, et, pour la fournir, il suffit de présenter un dictionnaire complet de la langue. En effet, chacun des mots qui sont rangés par ordre alphabétique dans les dictionnaires, chacune des locutions citées dans le cours des articles, comme exemples, représente une des idées qui peuvent se former à l'intérieur des êtres pensants. Si l'on ne tient pas compte des traces marquées sur les idées, on peut dire qu'un dictionnaire est une âme complète, rendue matériellement visible; mais c'est une âme morte, qui n'appartient à personne en particulier, et qui, par cela même, appartient à tout le monde. Chacun de nous, sous plusieurs rapports, trouve plus de facilité à lire dans cette âme commune à tous que dans celle qui vit en lui et qui est à lui seul. Mais on lirait bien mieux encore dans cette âme matériellement visible et faite pour servir à tous, si le dictionnaire, au lieu d'être purement alphabétique, était en même temps évocatif, c'est-à-dire si les mots s'appelaient les uns les autres comme les idées s'attirent dans les âmes vivantes. Il est certainement commode de trouver le mot *beurre* à la place précise qui lui est marquée par son orthographe, de voir à cette place que le mot est un substantif masculin ou qu'il s'écrit par deux *r*, et d'y rencontrer en outre quelques exemples qui font bien connaître la manière dont le mot s'emploie. Mais si, après ces indications que donnent tous les dictionnaires, on trouvait une liste de mots corrélatifs, correspondant aux idées qui, dans les âmes vivantes, sont souvent attirées par l'idée beurre, parce que les choses qu'elles représentent ont avec le beurre des rapports très marqués, cela serait bien commode aussi, et cela pourrait quelquefois venir en aide aux défaillances de la mémoire. Par exemple, ne serait-il pas très utile que le dictionnaire indiquât et rappelât à notre souvenir *babeurre*, *baratte*, *butyracé*, *butyreux*, *butyrique* (acide), *rance*, *friture*, *roux*, *tinette*, *motte?* Chacun de ces mots peut être sorti de la mémoire au moment où se présente le besoin de s'en servir ; et à quel endroit peut-on plus naturellement les chercher qu'après le mot *beurre* dans un dictionnaire (1)?

Dans le système de l'âme multiple, microcosmique, formée d'une totalité d'idées, on peut demander ce que devient la permanence du moi, ou l'identité persistante de la personne humaine. Elle devient ce qu'elle est en réalité : une permanence, une identité apparente, qui dure juste aussi longtemps qu'on

---

(1) Pour ne pas grossir outre mesure un livre déjà gros dans les conditions ordinaires, mieux vaudrait faire un dictionnaire à part, destiné à donner, après chaque mot un peu important, les mots qu'il peut évoquer ou appeler après lui. Ce dictionnaire existe, d'ailleurs, mais au lieu de l'appeler évocatif, on l'a publié sous le nom de *Dictionnaire analogique*, c'est-à-dire dictionnaire où chaque mot est suivi de ceux qui ont avec lui une analogie marquée. Le mot *analogie* doit être compris ici comme signifiant rapport en général plutôt que ressemblance.

ferme les yeux sur les changements et les différences. Est-ce que le vieillard d'aujourd'hui est complètement identique à l'enfant d'autrefois? Est-ce que l'incrédule, le libre penseur actuel est resté absolument le même, depuis le jour où on l'a vu, enfant, faire sa première communion et édifier les fidèles par sa piété? D'ailleurs, l'identité indivisible et toujours persistante de la personne humaine est formellement démentie par le fait seul que toutes les langues ont admis des verbes moyens, ou ce qu'on appelle aujourd'hui des verbes réfléchis. Pour qu'on ait pu dire, sans figure, *je me suis blessé, je me trompe*, il faut qu'on ait vu en soi deux êtres différents, dont l'un fait la blessure et trompe, tandis que l'autre reçoit la blessure et est trompé.

On peut aussi demander ce que devient l'immortalité pour l'âme conçue comme l'ensemble des idées ou comme le monde lui-même intériorisé. Il n'est pas absolument impossible qu'un ensemble d'idées survive au corps de l'homme, que ce qui représentait le monde chez l'homme aille le représenter encore dans quelque autre lieu; mais où et comment cela pourrait-il se faire? Personne ne le sait, et il est certain que cela est bien invrai-

semblable. Quoi qu'il en soit, lors même que
la vie future ne serait qu'une chimère, on ne
pourrait pourtant jamais dire que tout meurt
avec le corps de l'hon_ _e : la personne vivante avait pénétré et s'était intériorisée chez
un grand nombre de parents, d'amis, de voi-
sins, de gens avec qui elle avait été mise en
rapport par le commerce, par le travail, par
des études communes, par les plaisirs et les
divertissements. Toutes les images du défunt
qui s'étaient ainsi formées continuent d'exister et conservent une vitalité qui dure plus
ou moins longtemps, selon qu'on avait eu avec
lui des relations plus ou moins fréquentes, ou
selon qu'il avait acquis plus ou moins d'influence, de célébrité. Un savant, un philo-
sophe, un général d'armée, qui se sont fait
admirer par leur génie, peuvent vivre pendant
une longue suite de siècles, par leurs représentations intériorisées, surtout quand ils laissent après eux des écrits, ou quand des his-
toriens habiles ont raconté leurs actions. Car,
longtemps après la mort des hommes illus-
tres, la lecture de leurs écrits ou des histoires
qui parlent d'eux produit une image vivante
de ces hommes, ou ranime l'image déjà formée. Ces hommes-là, d'ailleurs, sont en bien

petit nombre dans le monde, et tous les autres ne peuvent compter que sur quelques années au plus de cette survie, qui n'appartient plus à la personne même, mais à ses représentations intériorisées et disséminées au hasard chez un certain nombre d'individus. Enfin, les hommes de toutes les classes, sans en excepter les conditions les plus modestes, les plus infimes, peuvent encore trouver quelque consolation, quelque jouissance intime même, dans la pensée qu'ils se survivront dans leurs enfants, qu'ils laisseront ainsi quelque chose d'eux-mêmes qui pourra être transmis de génération en génération jusqu'à des temps très éloignés. Les pensées de cette nature ont eu autrefois une grande puissance chez les Juifs, qui ne croyaient pas à la vie future, et chez d'autres peuples; elles en ont encore une presque aussi grande dans les familles qui se disent nobles, et qui attachent tant d'importance à voir augmenter le nombre de ce qu'elles appellent leurs quartiers.

Beaucoup de gens, sans doute, diront que la mort les effraierait beaucoup moins, s'ils pouvaient croire, comme l'ont cru longtemps presque tous les hommes, que tout ce qu'il

y a d'important dans la personnalité humaine
se concentre dans une âme distincte, et que
cette âme ne peut pas mourir. Il n'y a qu'une
réponse à leur faire : Conservez la vieille
croyance et ranimez-la si vous le pouvez;
cherchez de nouvelles preuves de l'immortalité personnelle, et si vous en trouvez, nous
serons les premiers à nous en féliciter : vous
aurez réellement supprimé ce qu'il y a de
plus effrayant dans la mort. Mais alors ce
sera la vie elle-même, ou plutôt l'entrée dans
la vie, la naissance, qui deviendra un mys-
tère terrifiant. Essayez de calculer, par ap-
proximation, le nombre des âmes qui seront
nées et qui vivront dans plusieurs millions
d'années, et vous comprendrez qu'il y a là
quelque chose d'impossible, d'absurde. Si l'on
supprime la mort des âmes, il faudra nécessairement supprimer bientôt aussi la naissance
des âmes; c'est-à-dire que l'humanité devra
disparaître de la surface du globe, et avec
elle la pensée, la vérité elle-même.

TABLE

—

Paris. — Imp. de Ch. Noblet, 13, rue Cujas. — 10005.

www.ingramcontent.com/pod-product-compliance
Lightning Source LLC
Chambersburg PA
CBHW060625100426
42744CB00008B/1507